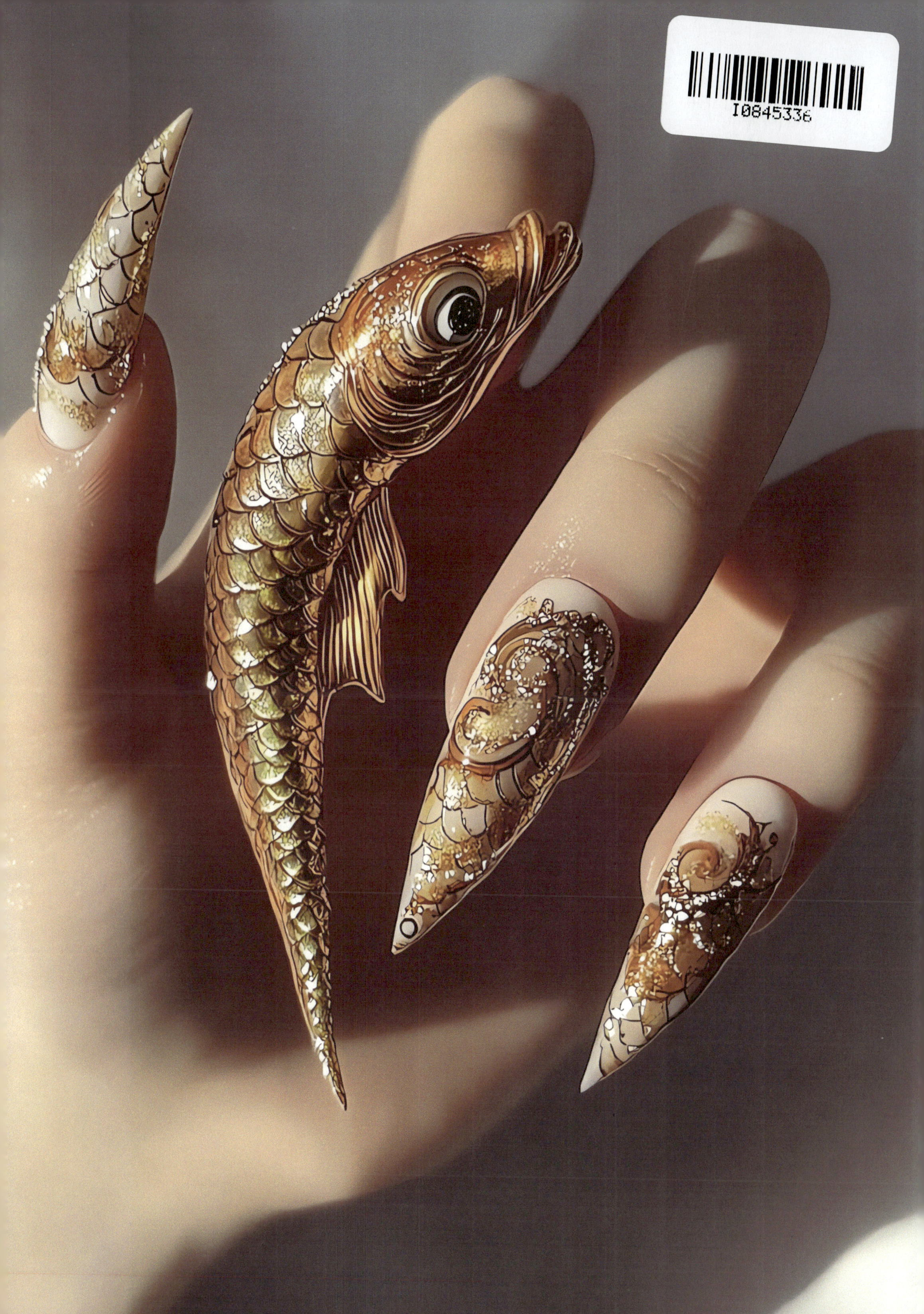
I0845336

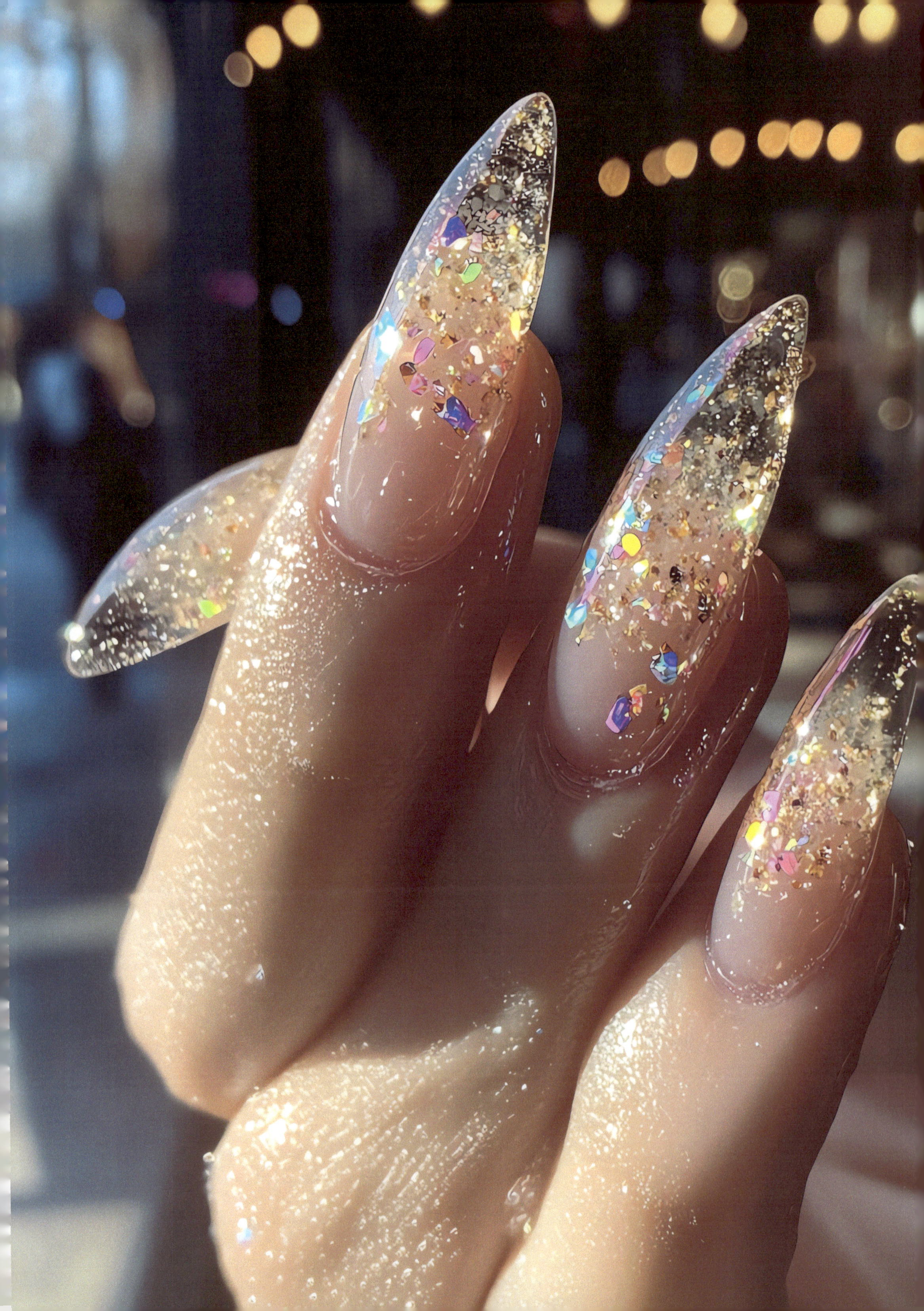

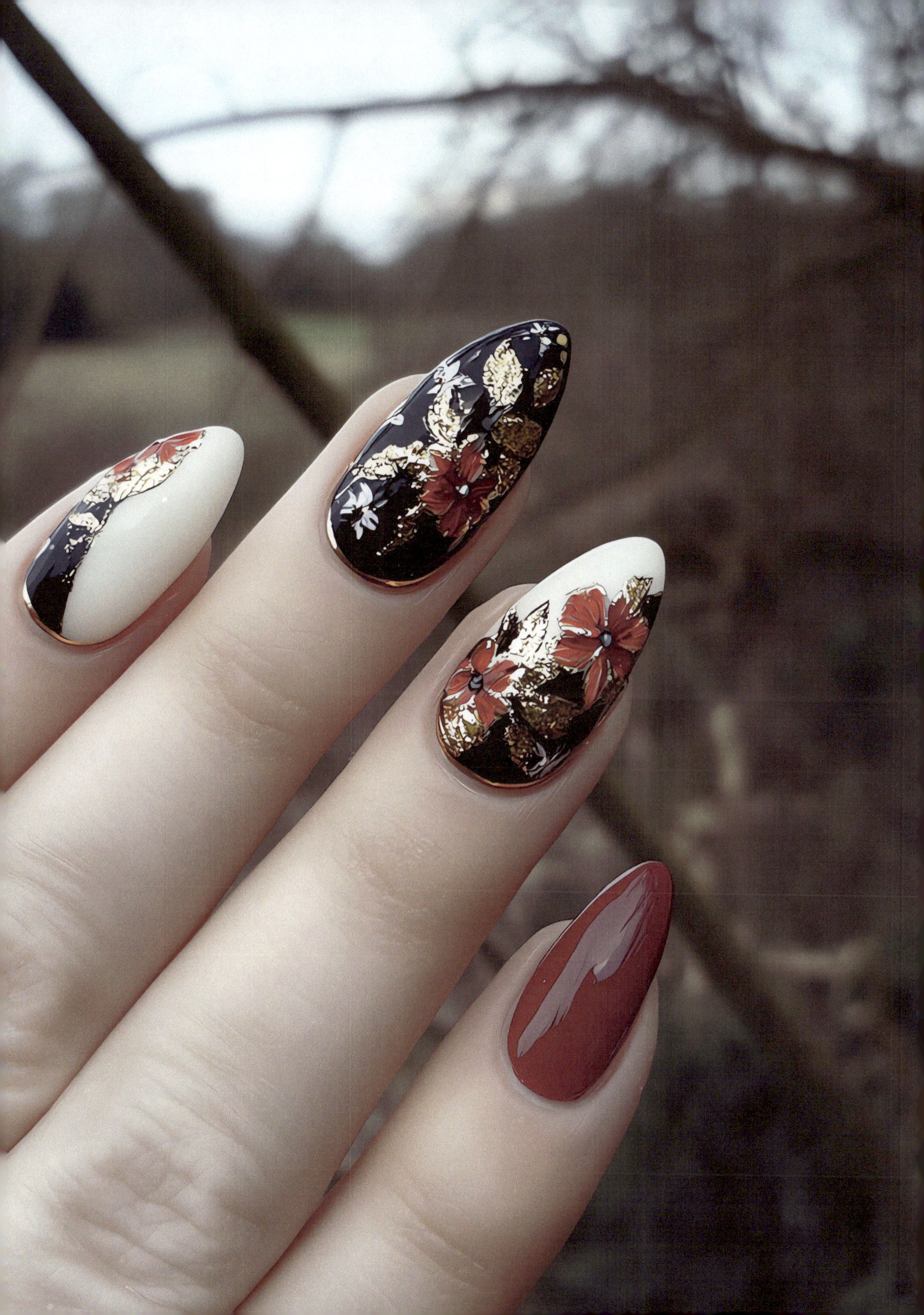

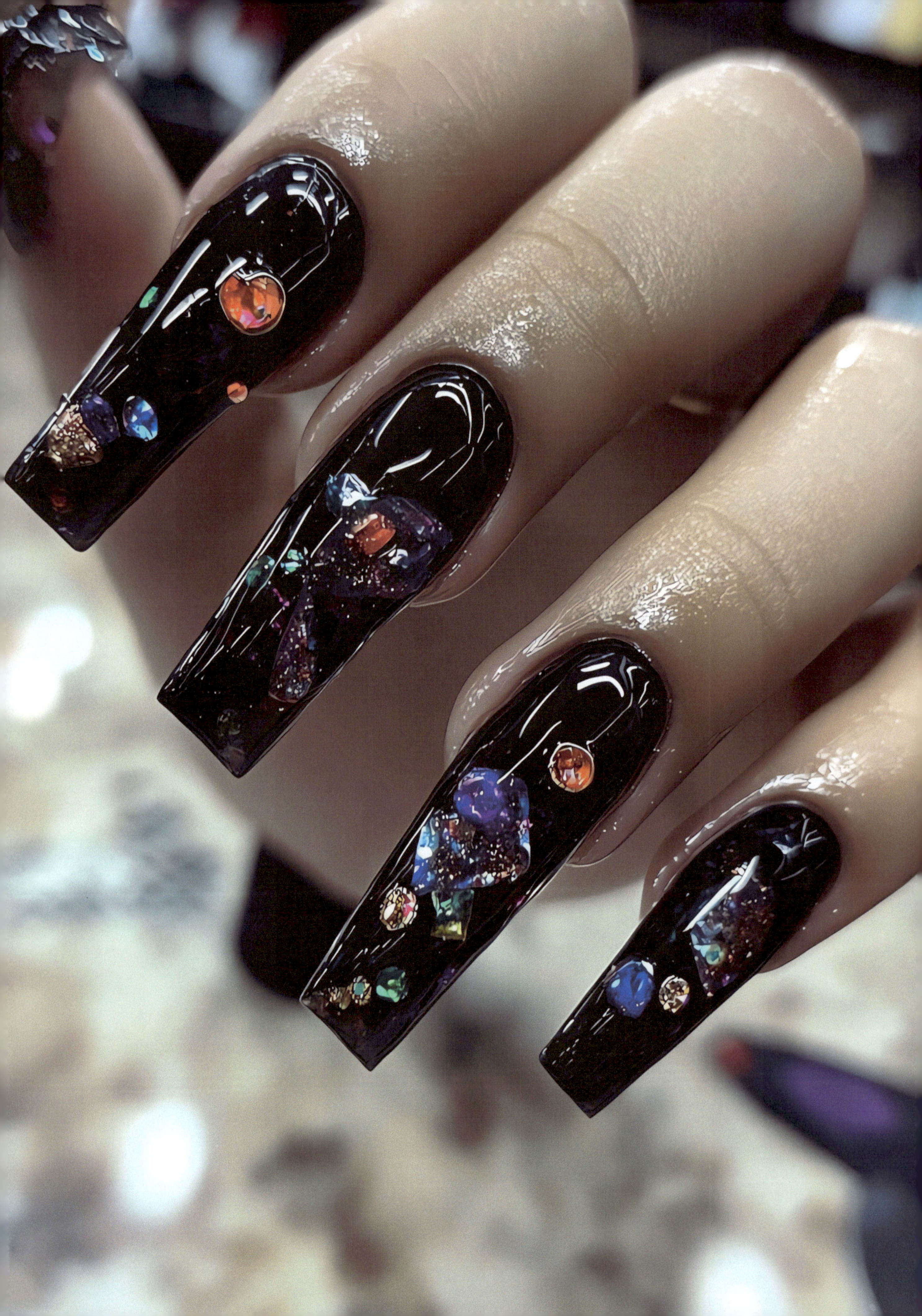

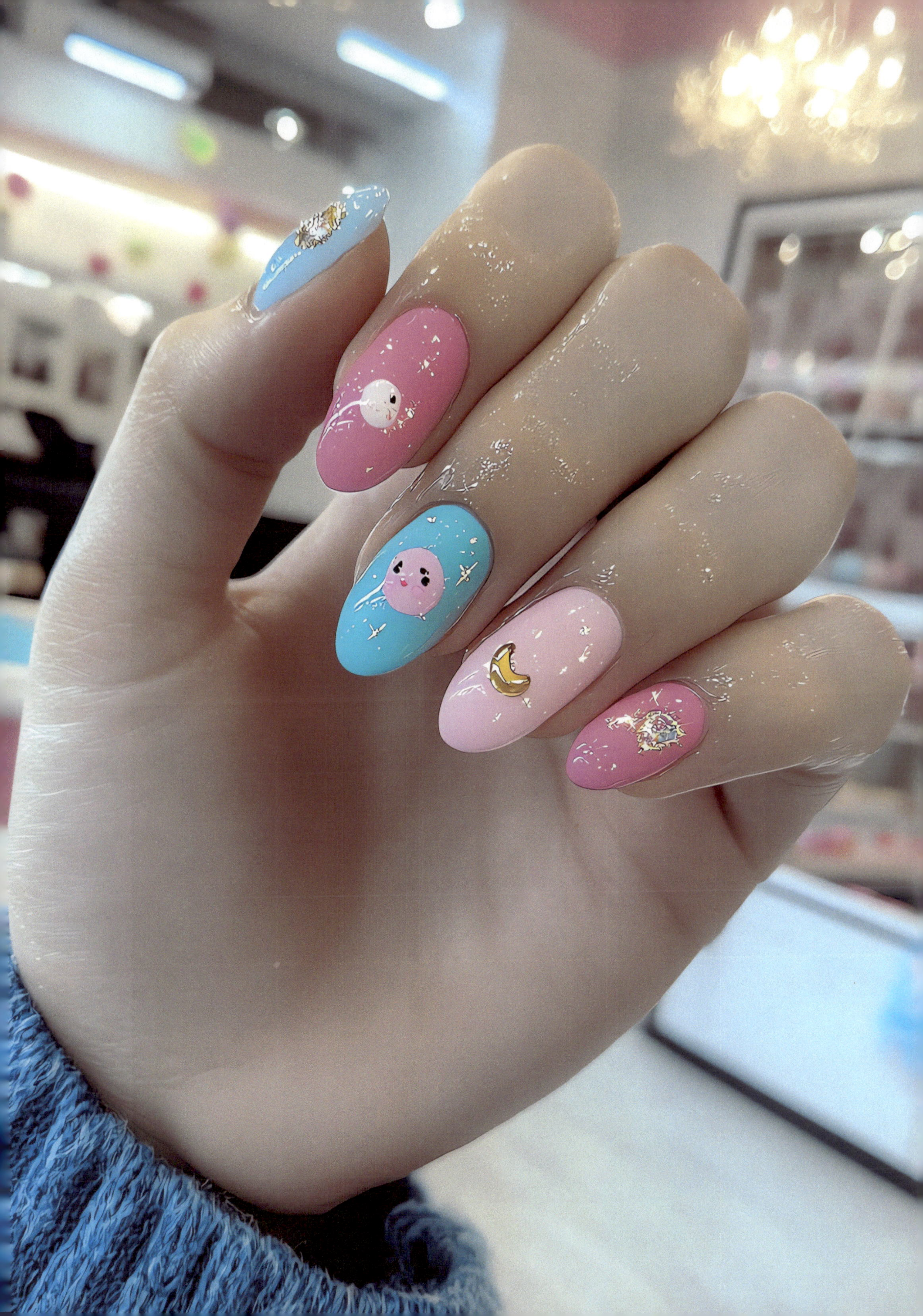

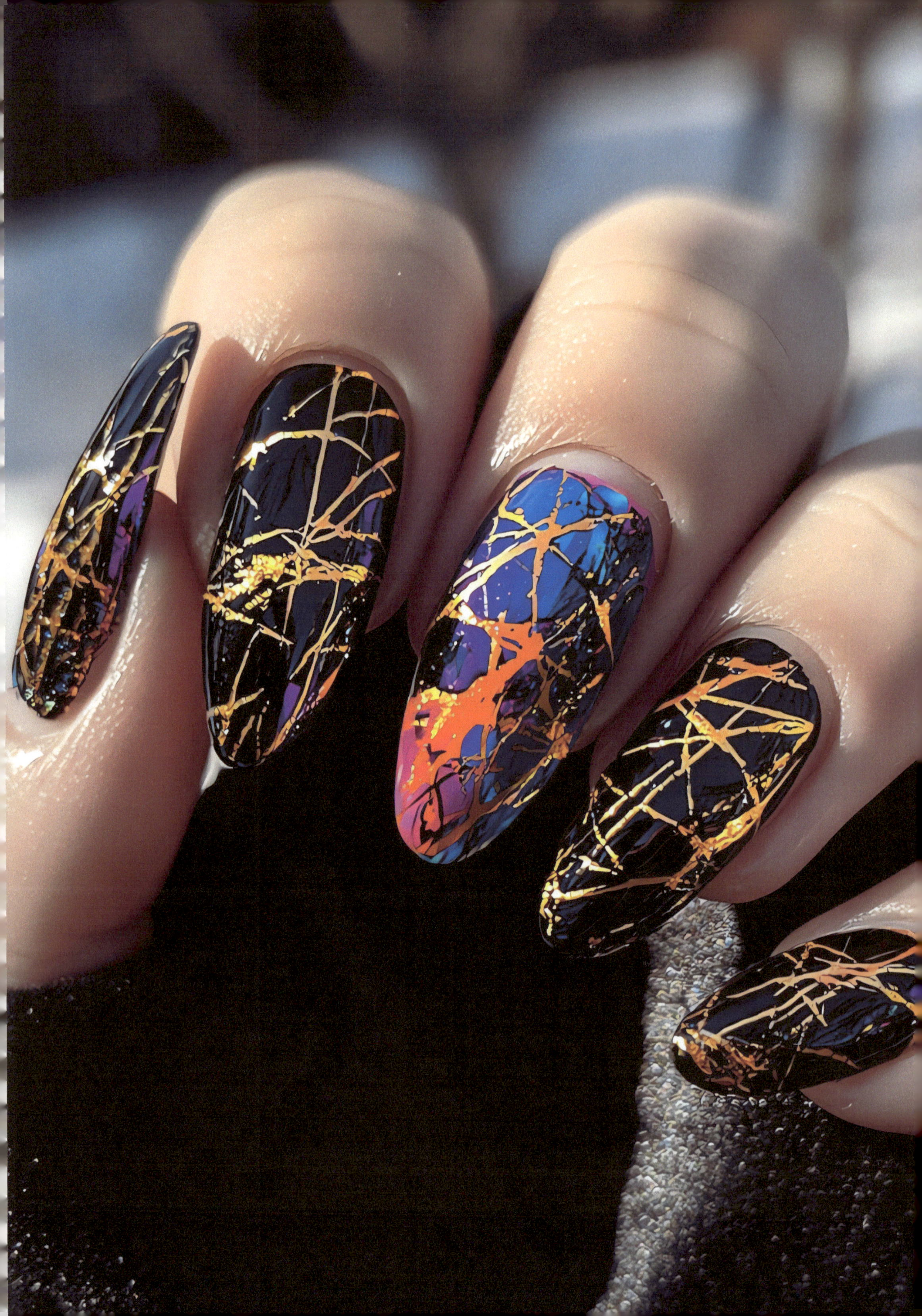

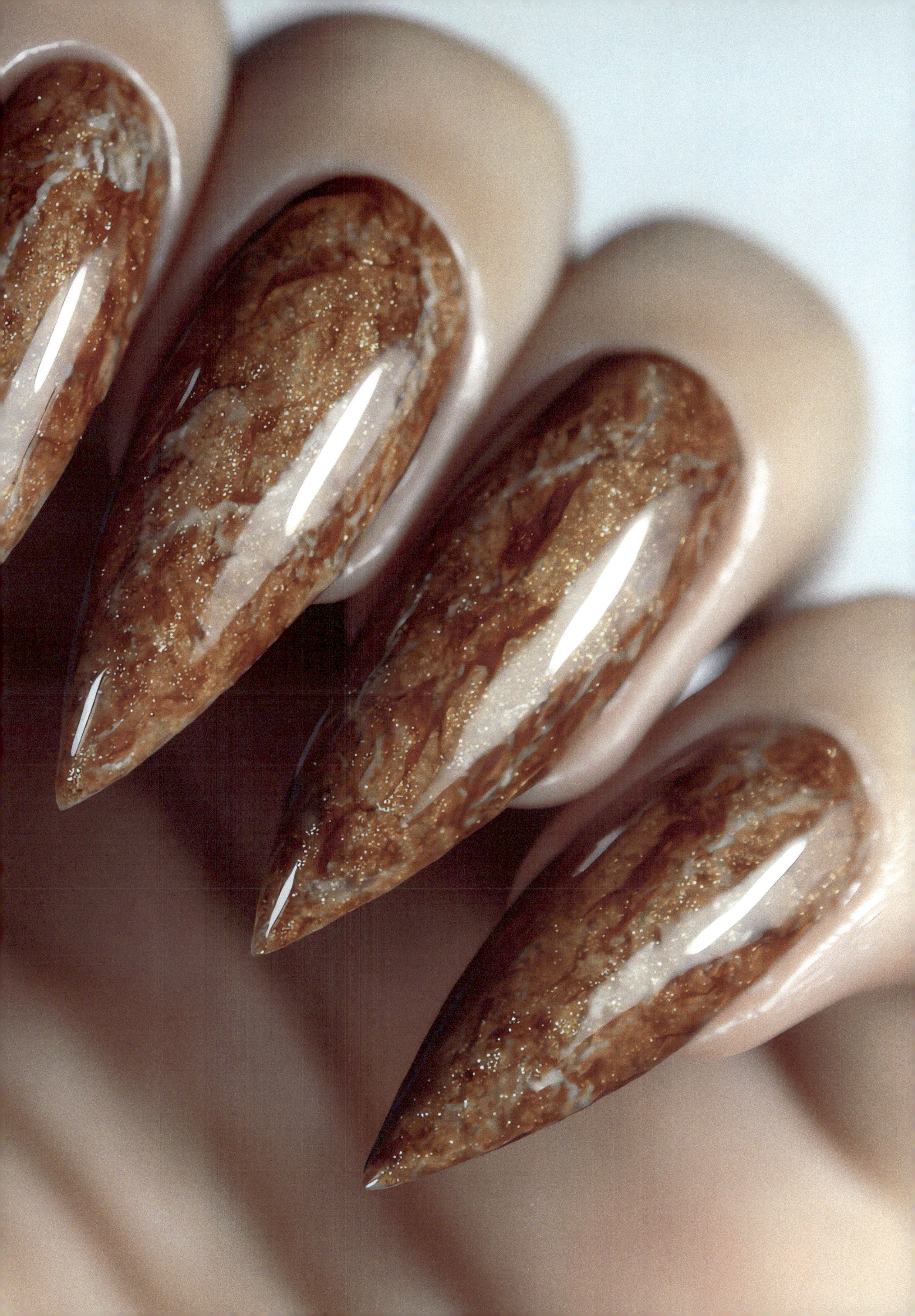

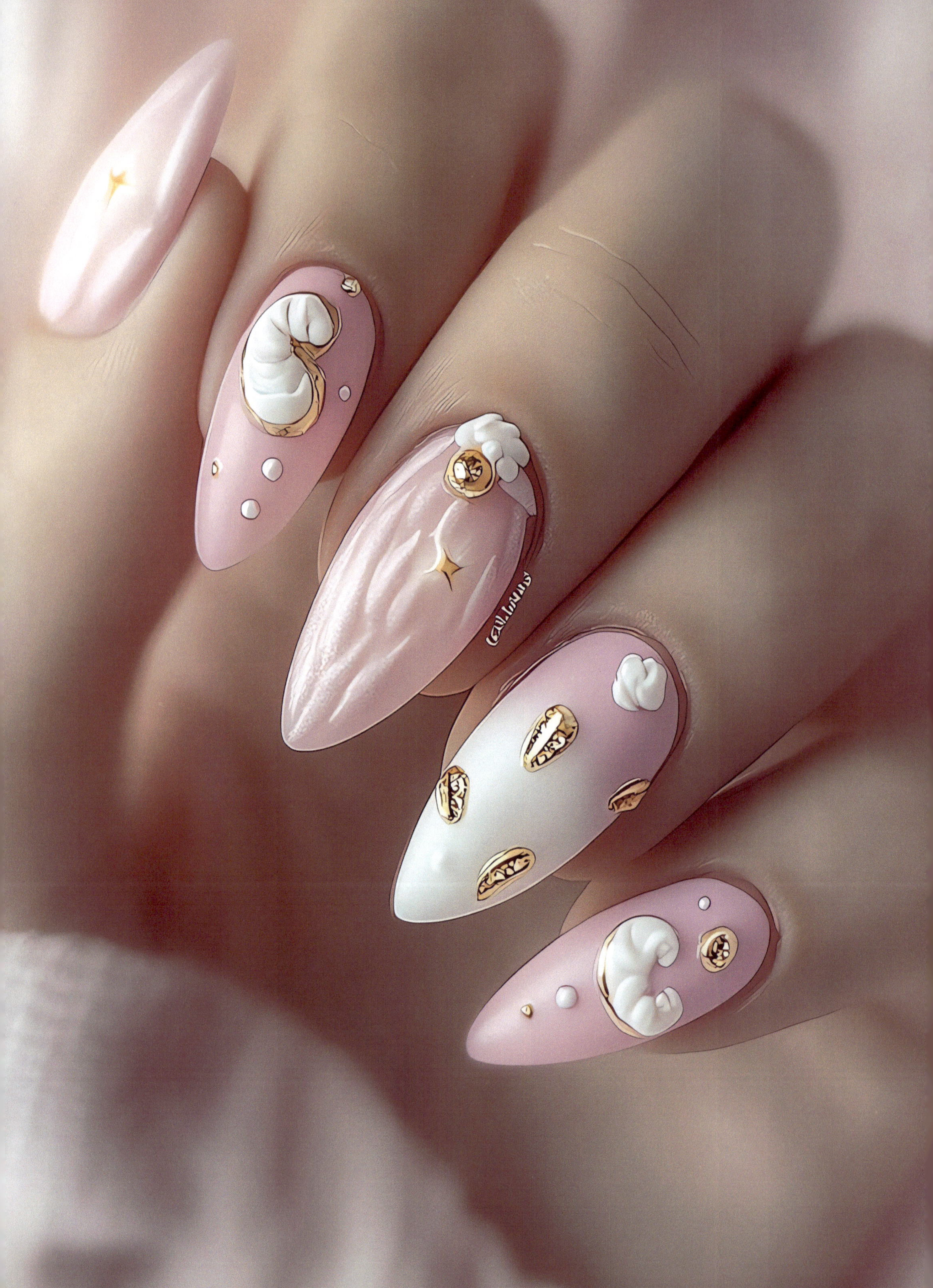

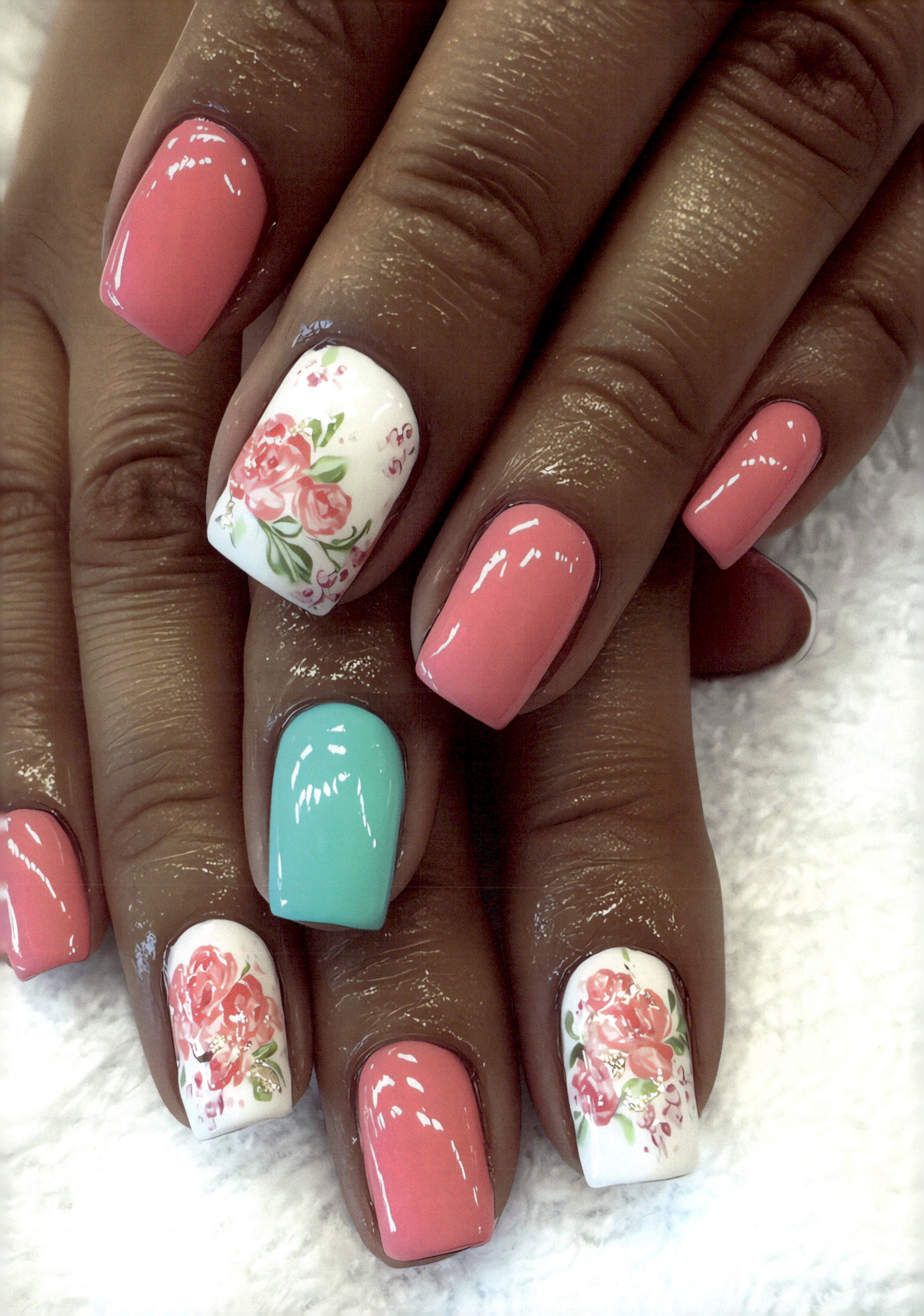

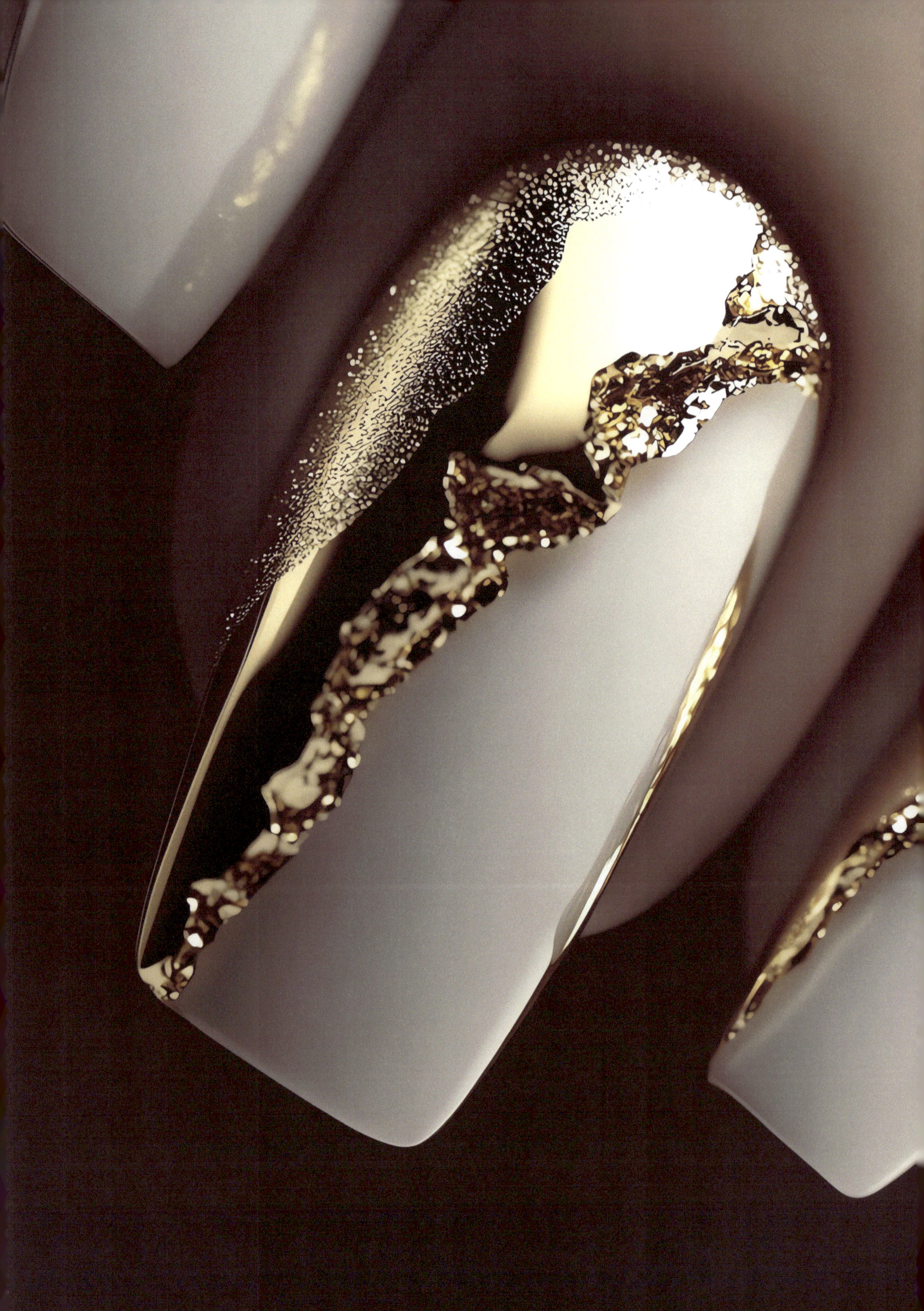

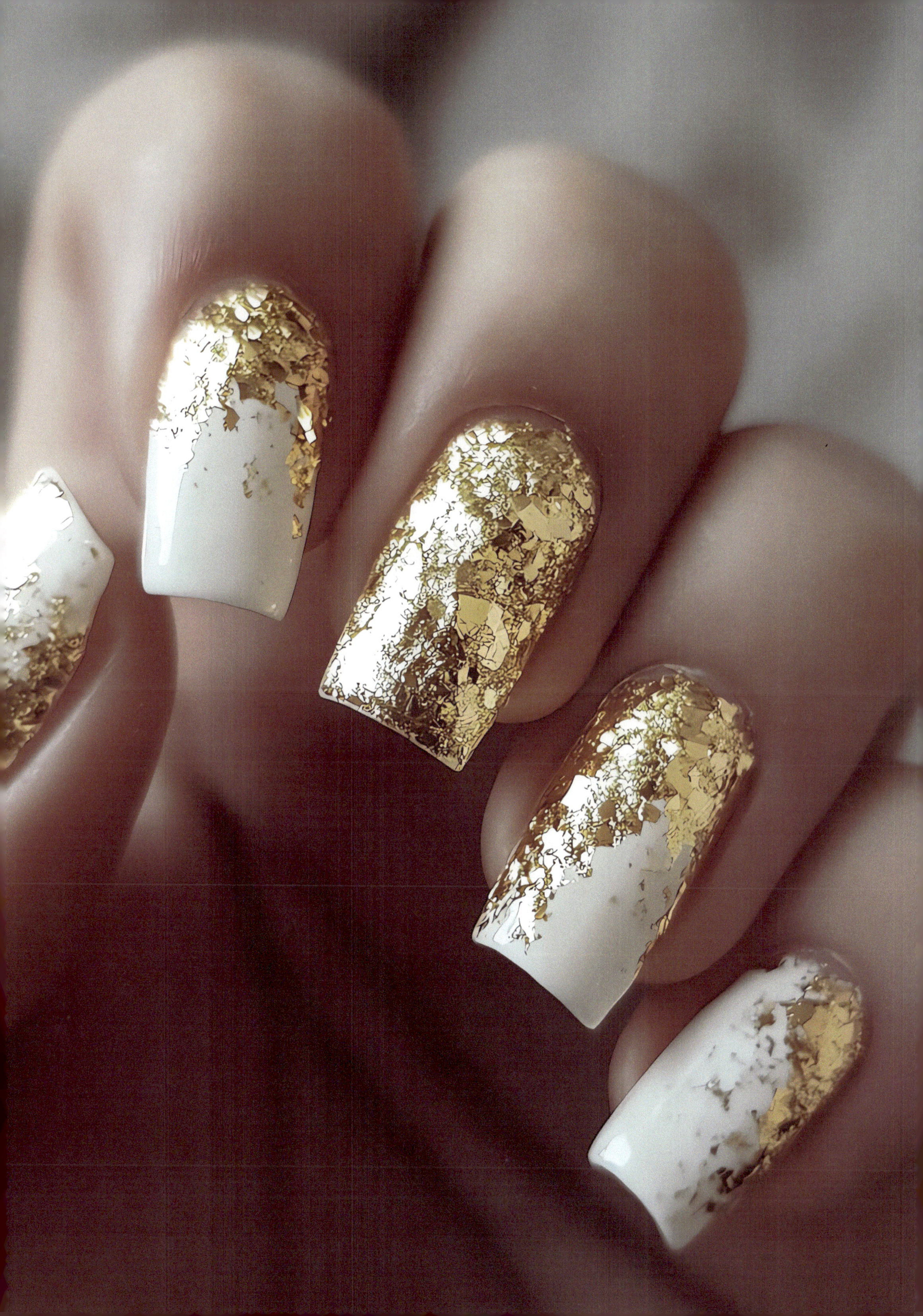

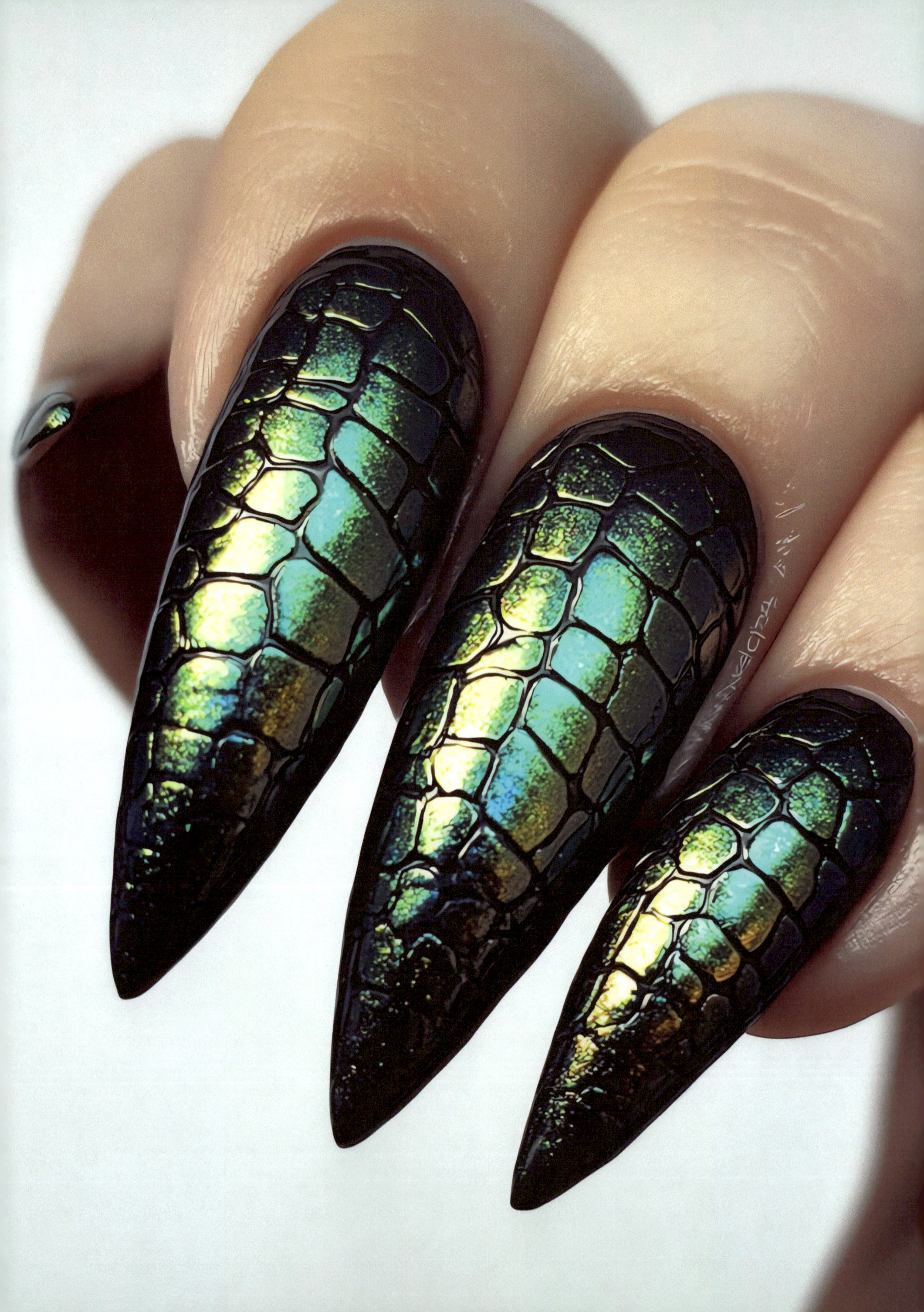

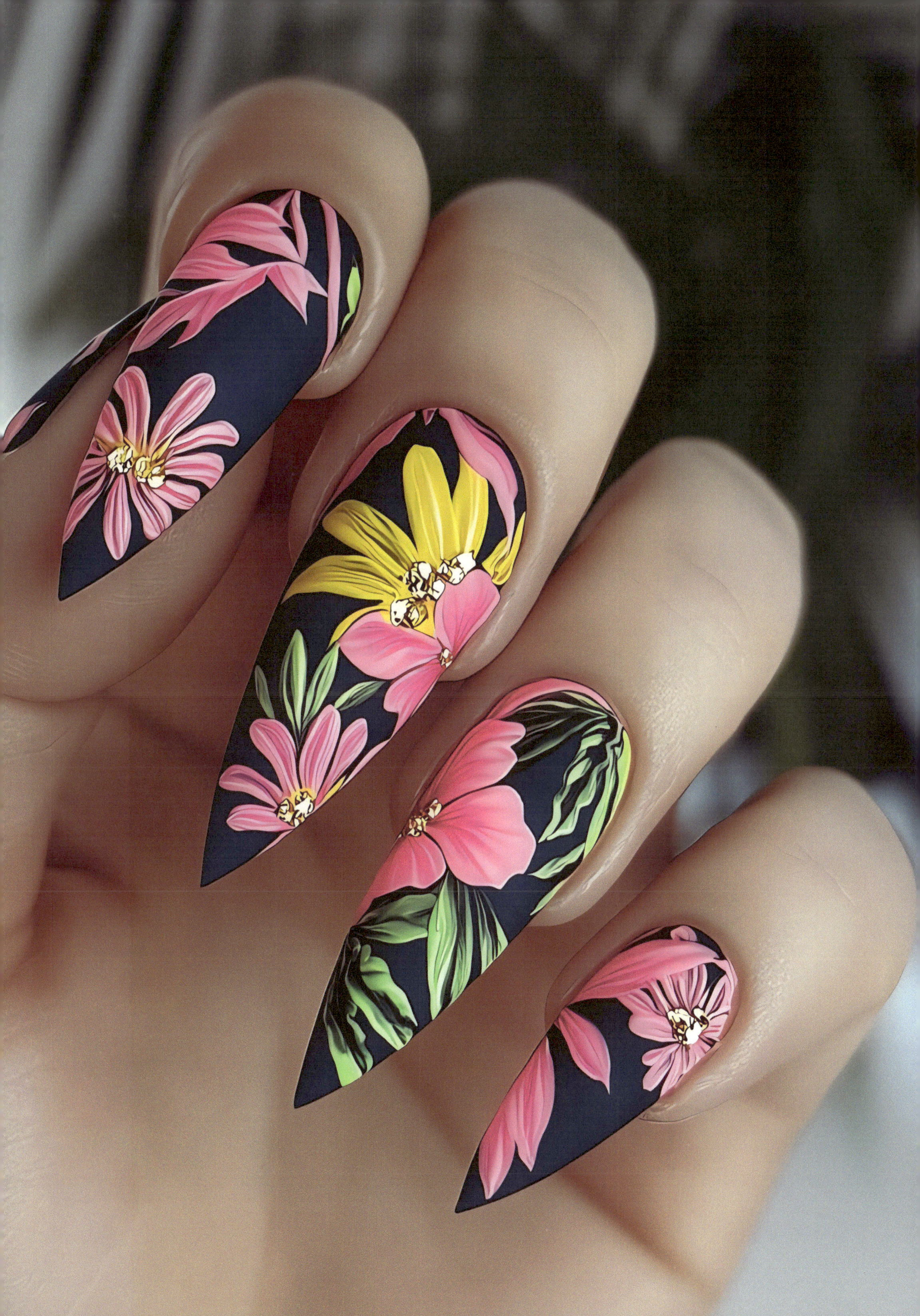

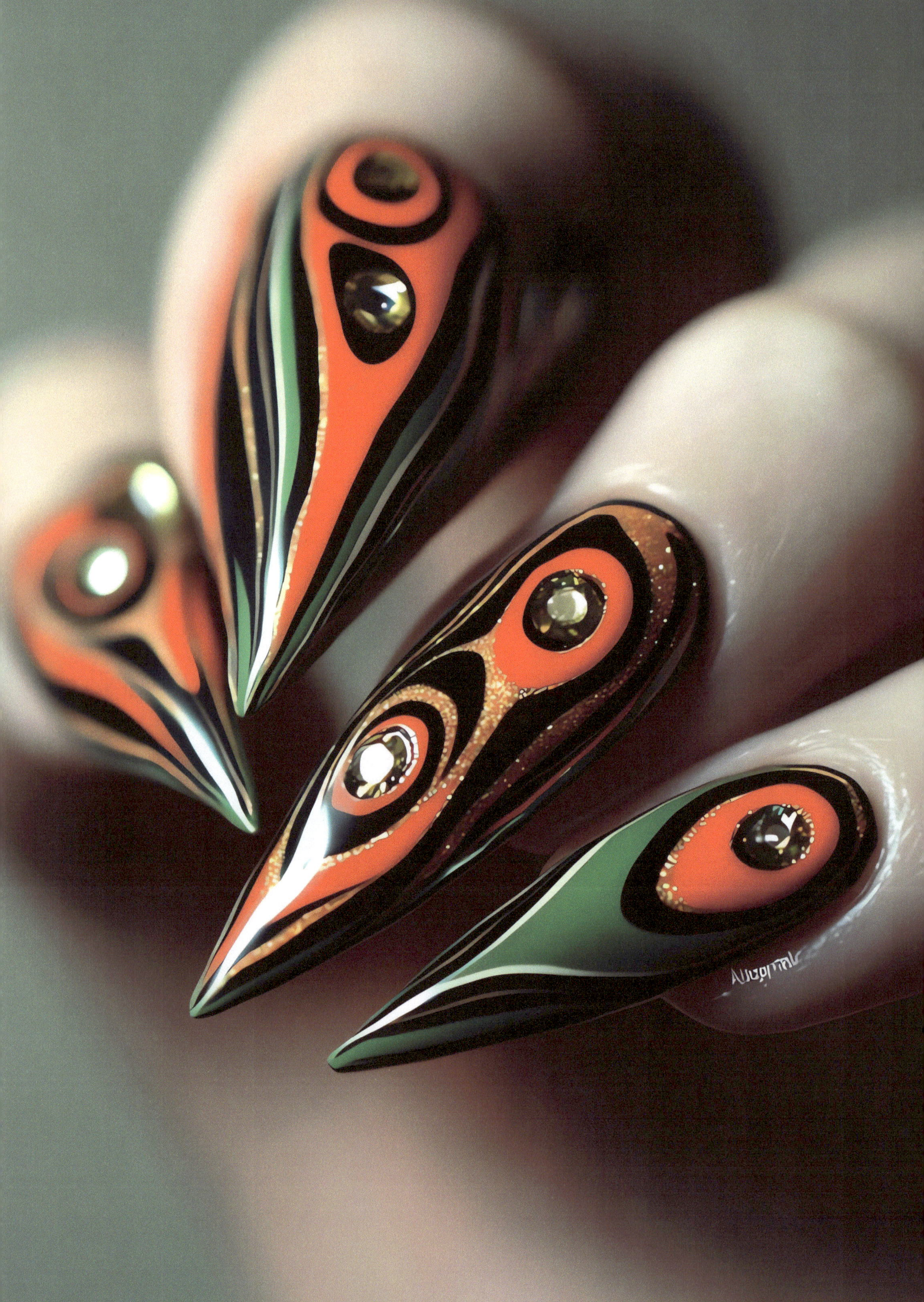

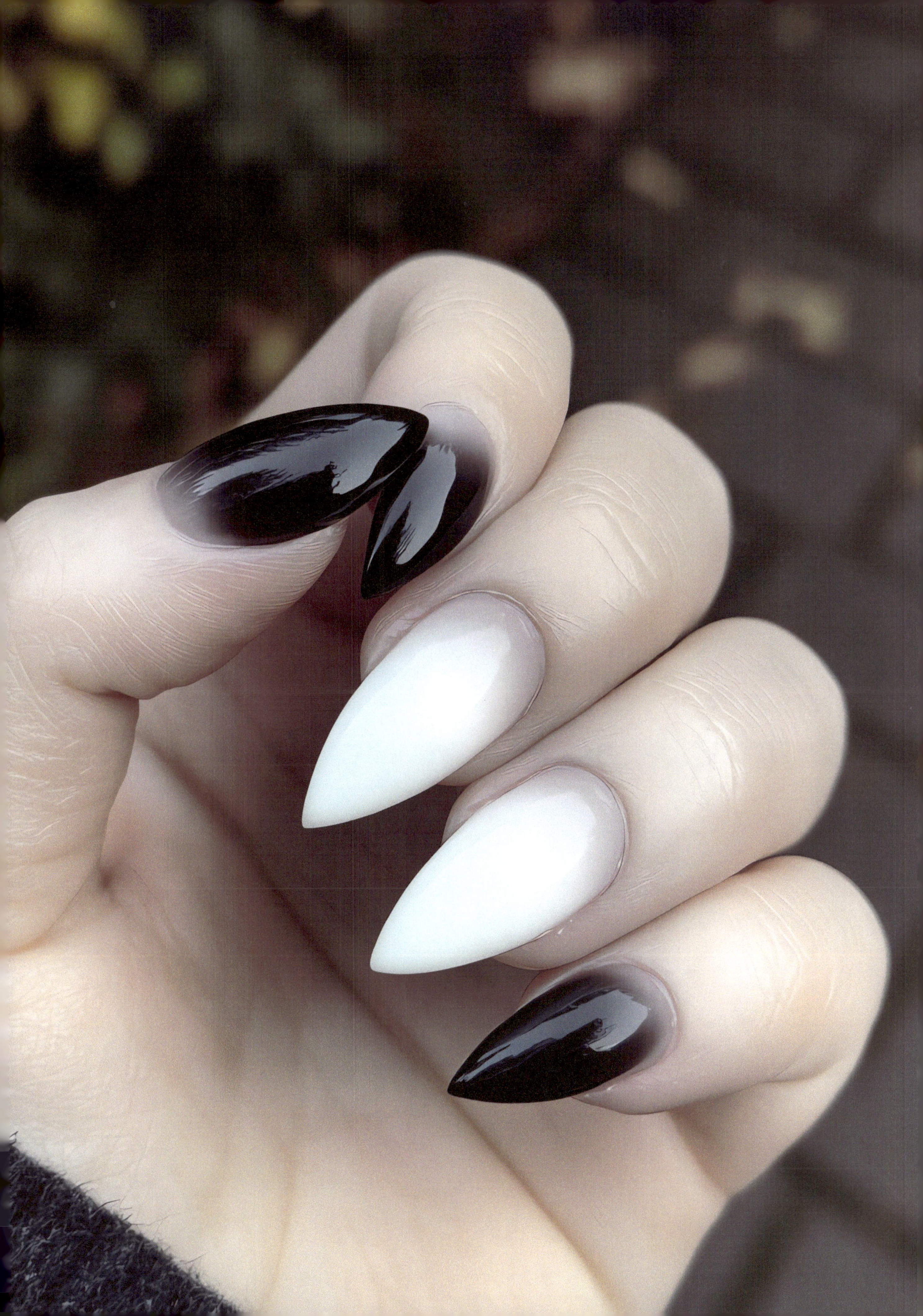

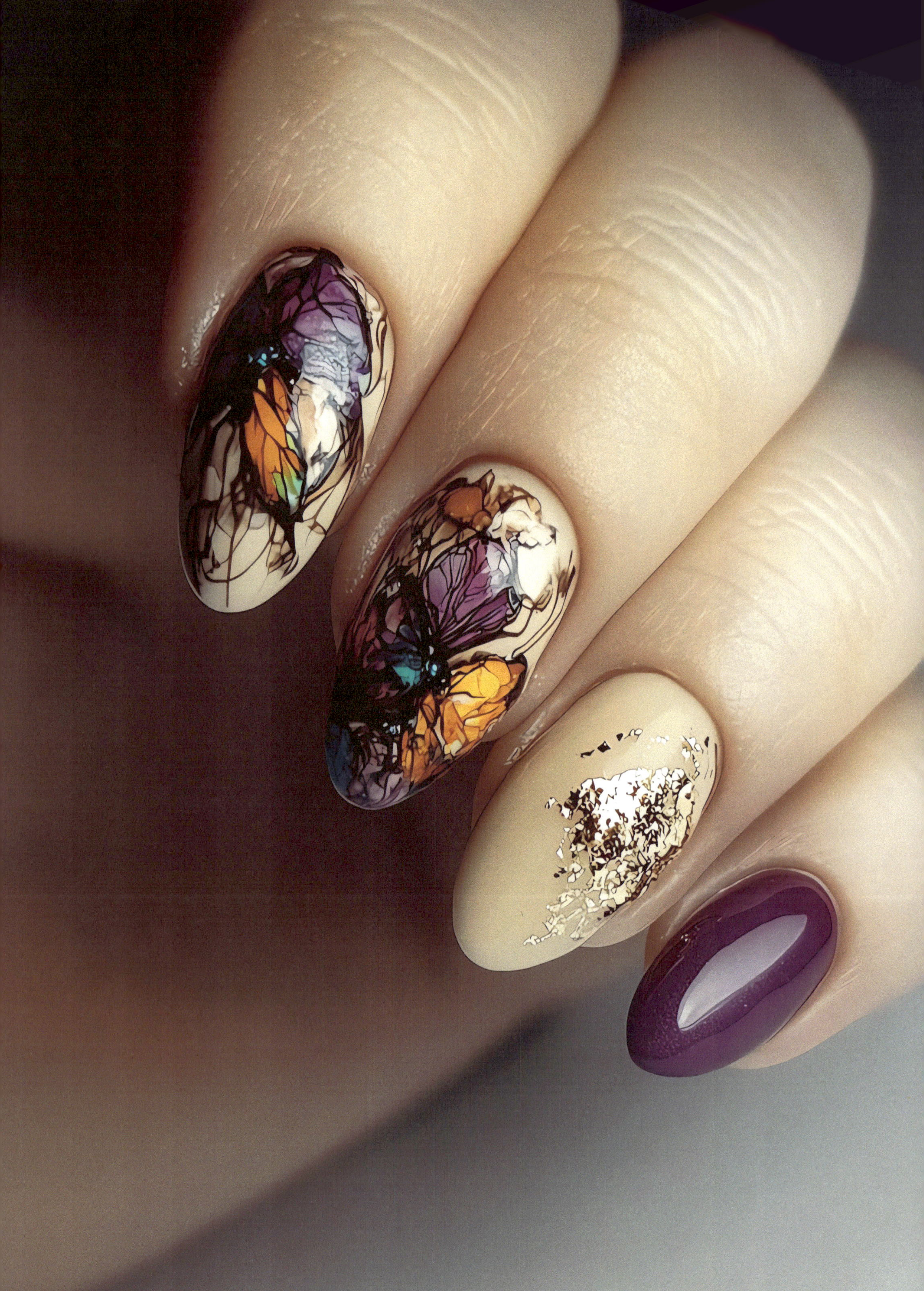

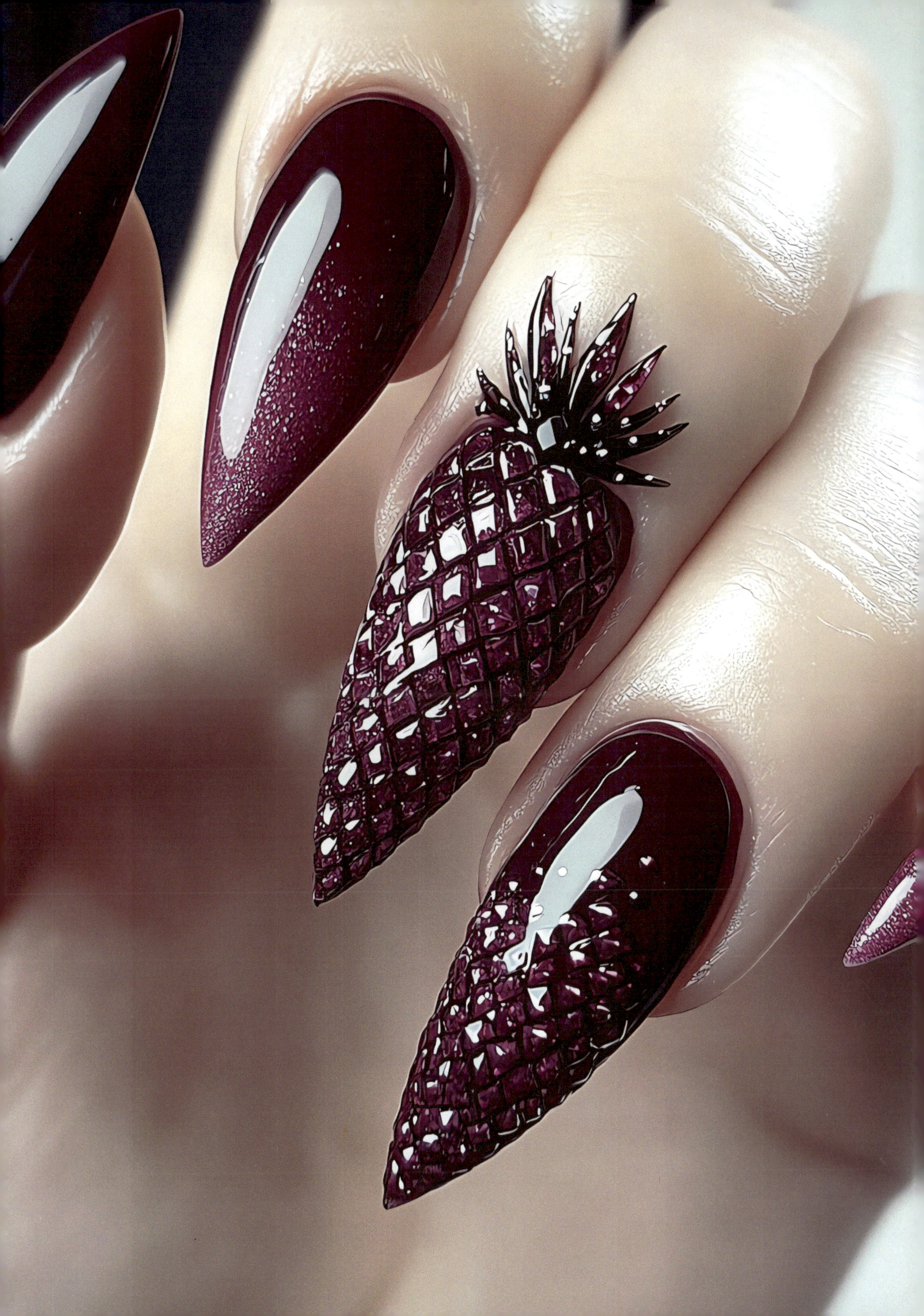

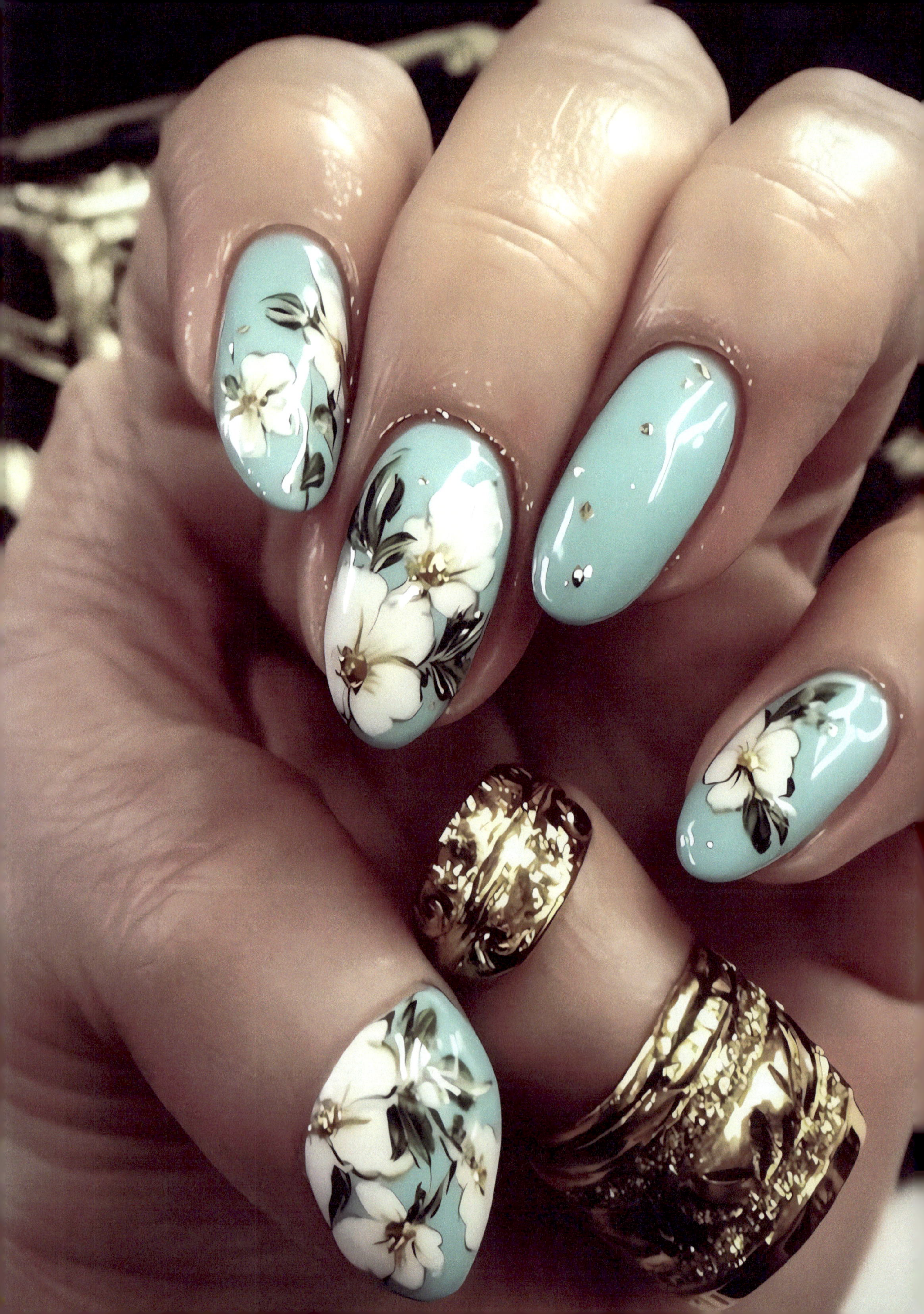

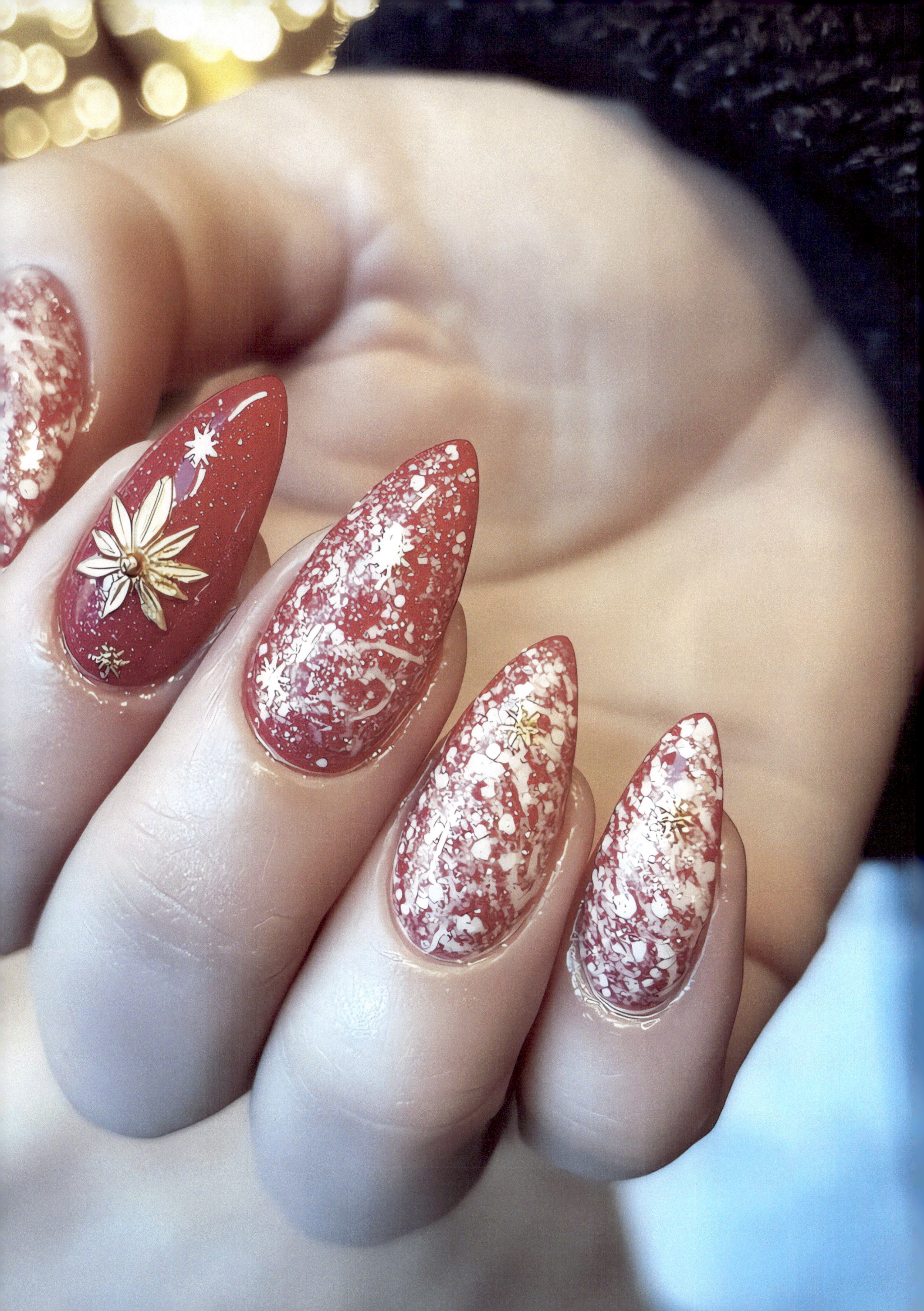

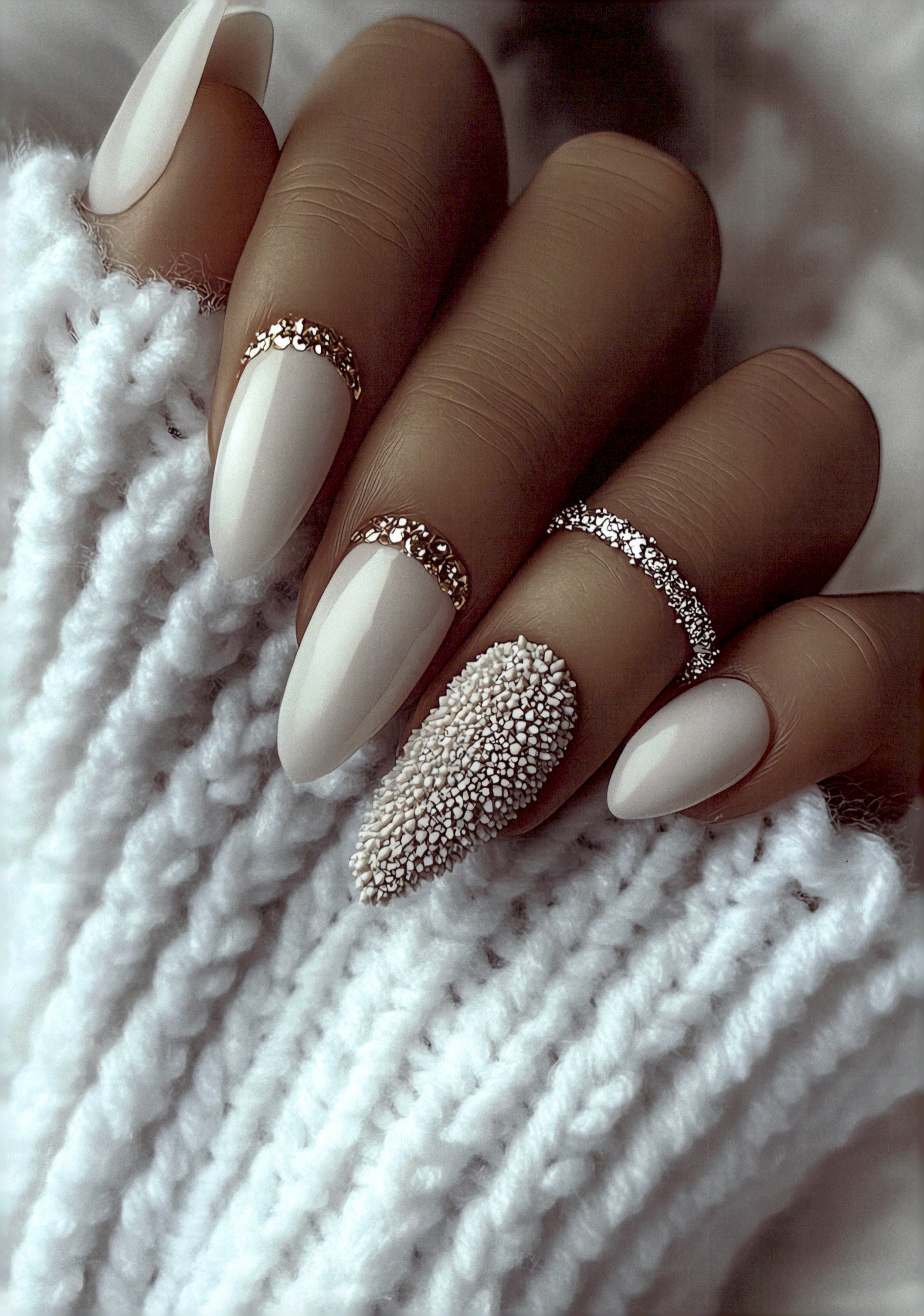

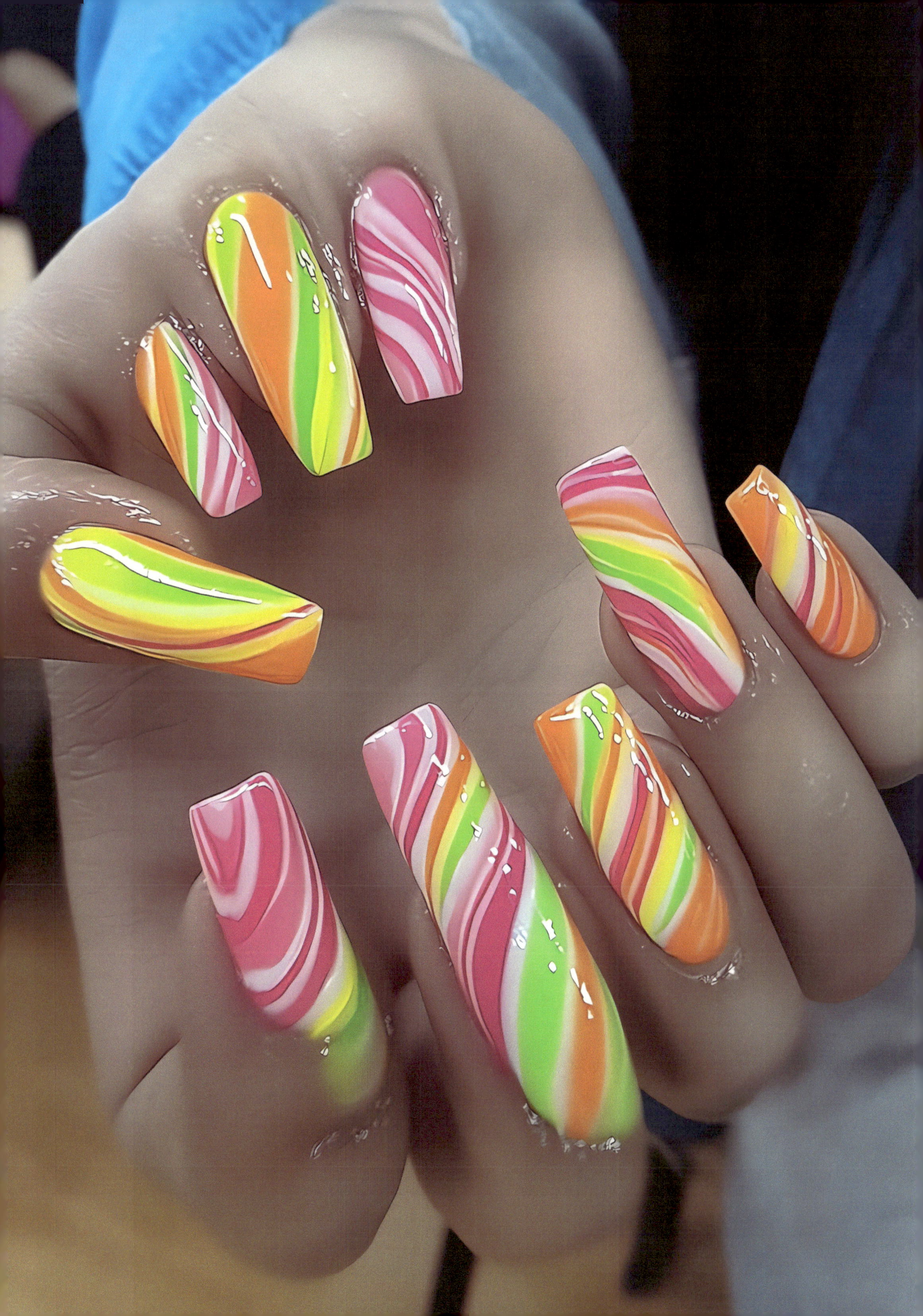

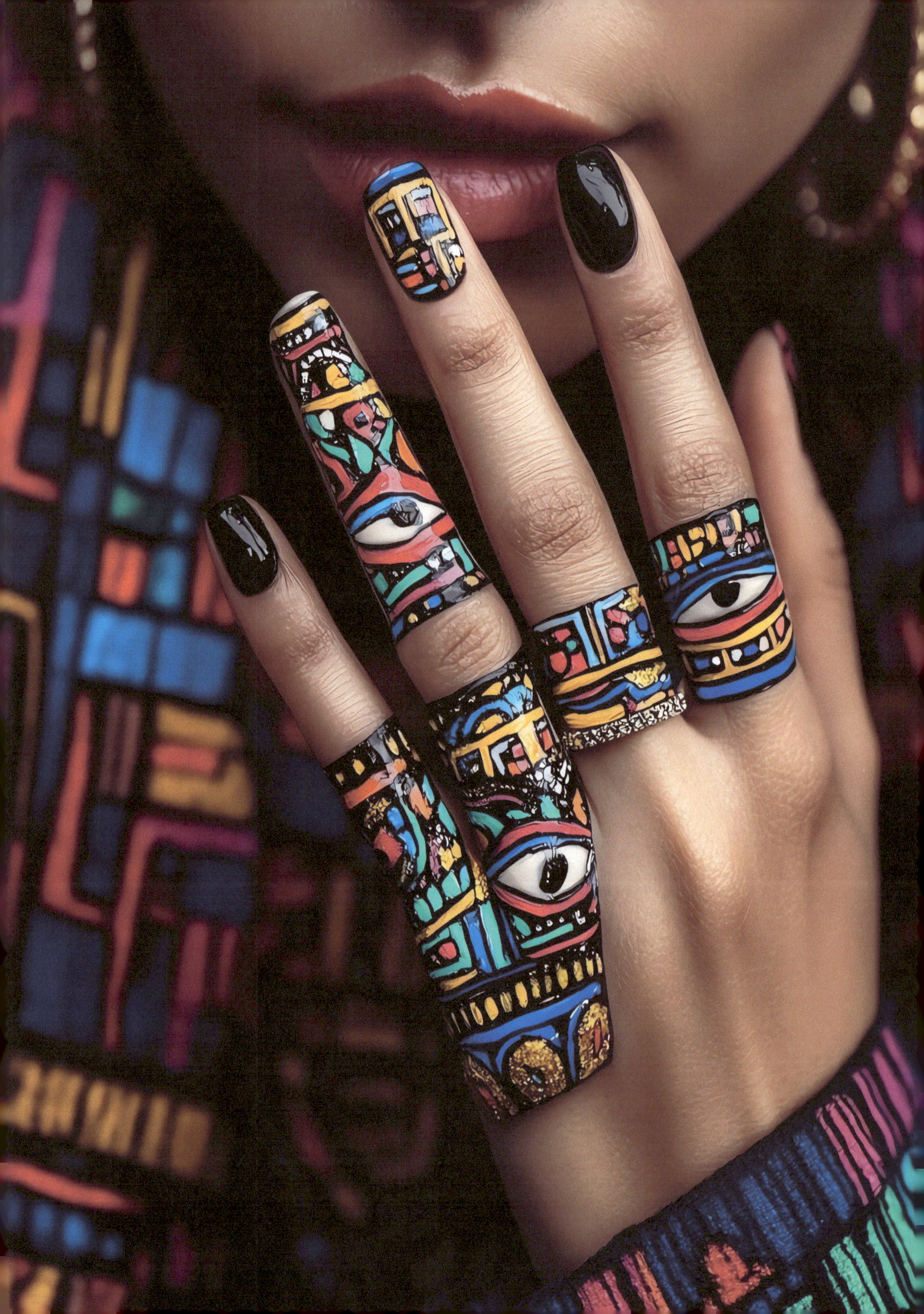

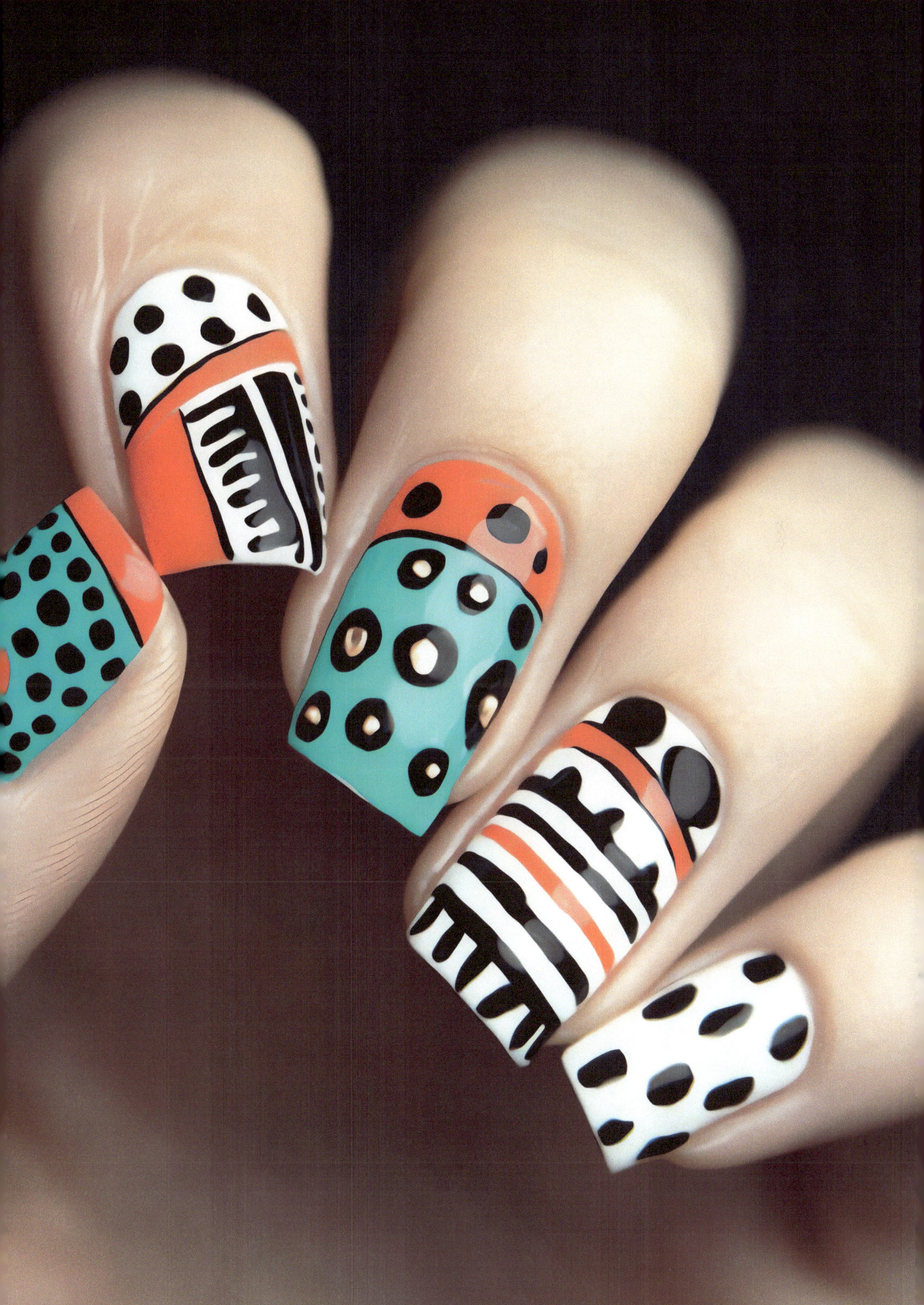

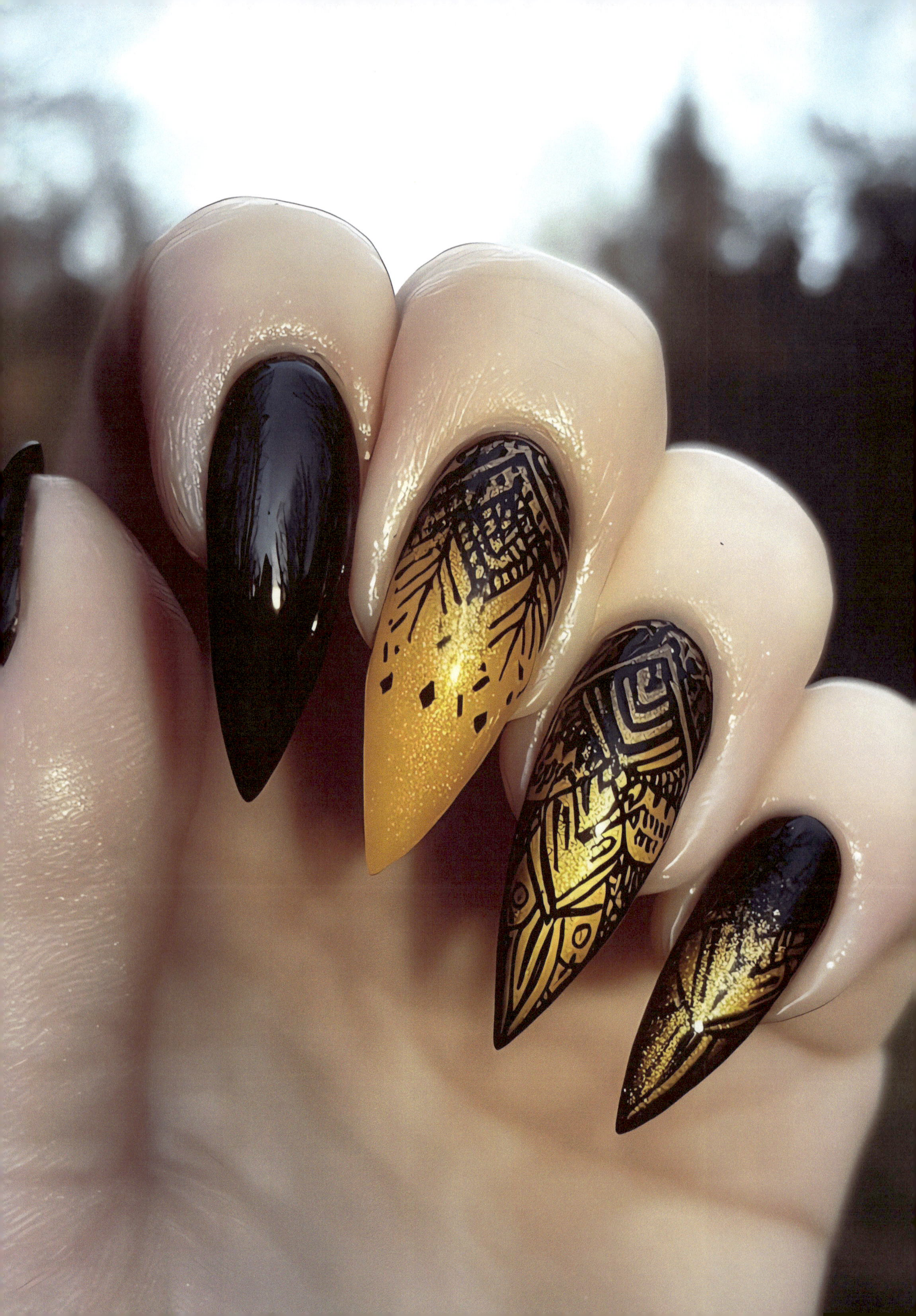

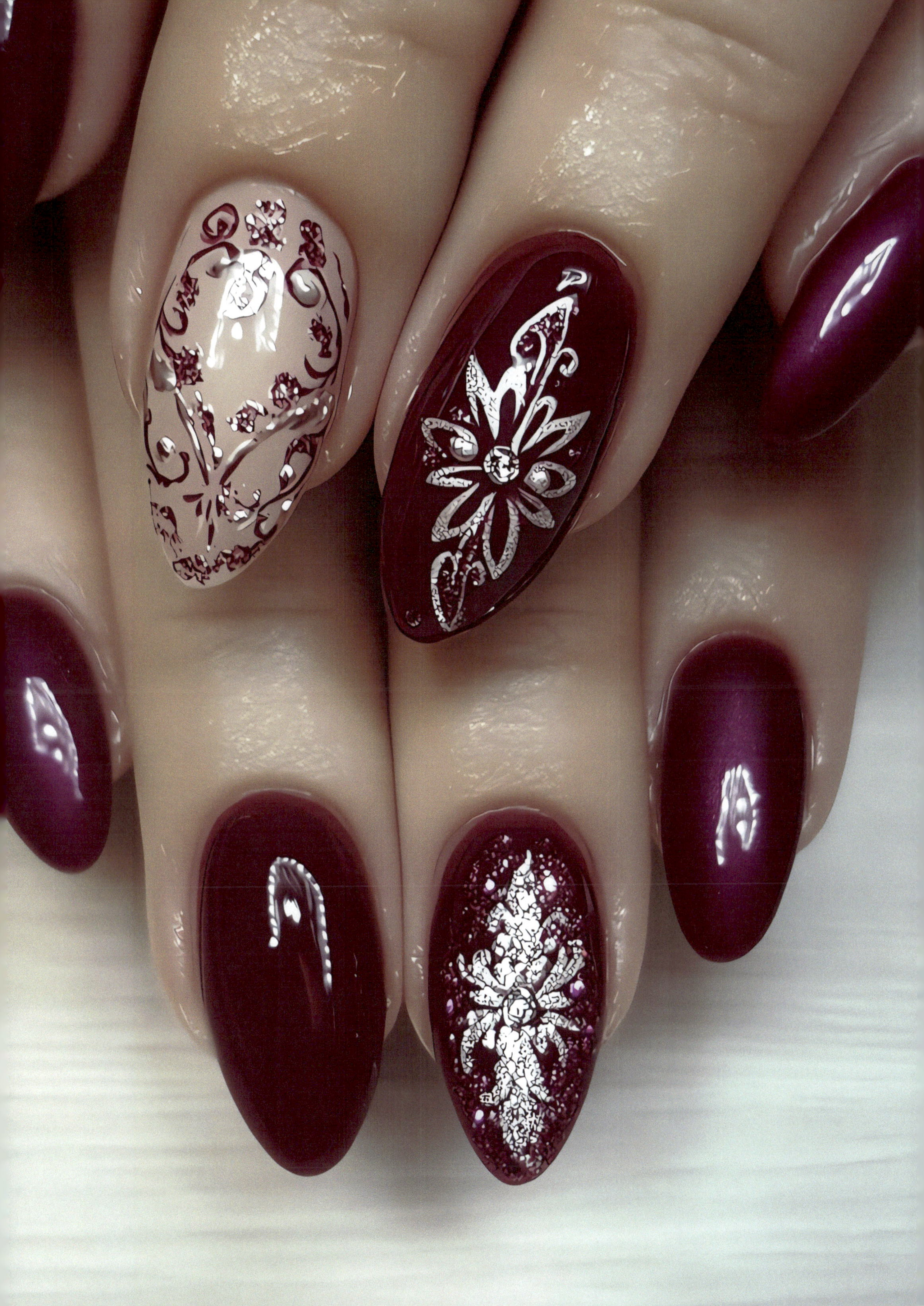

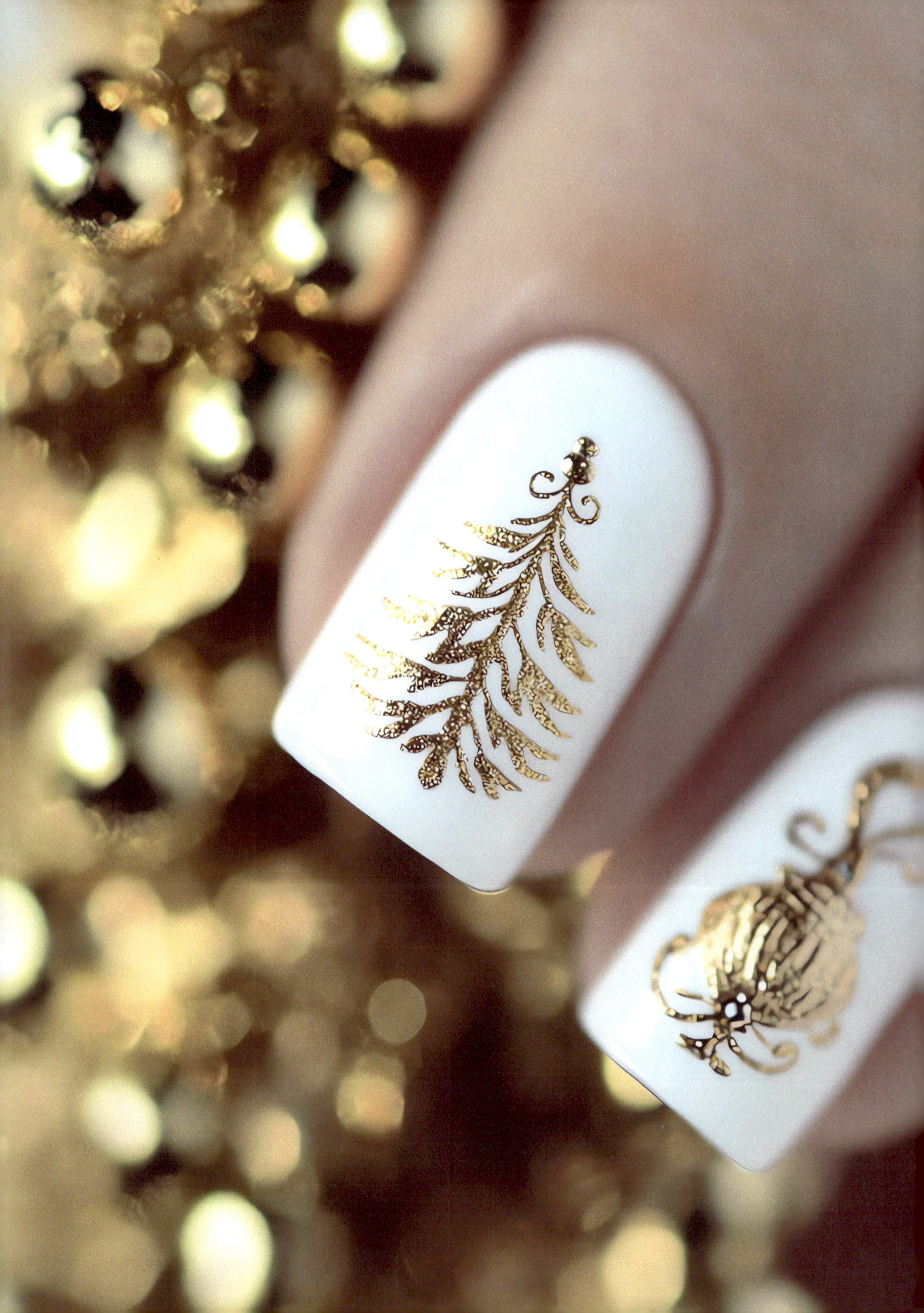

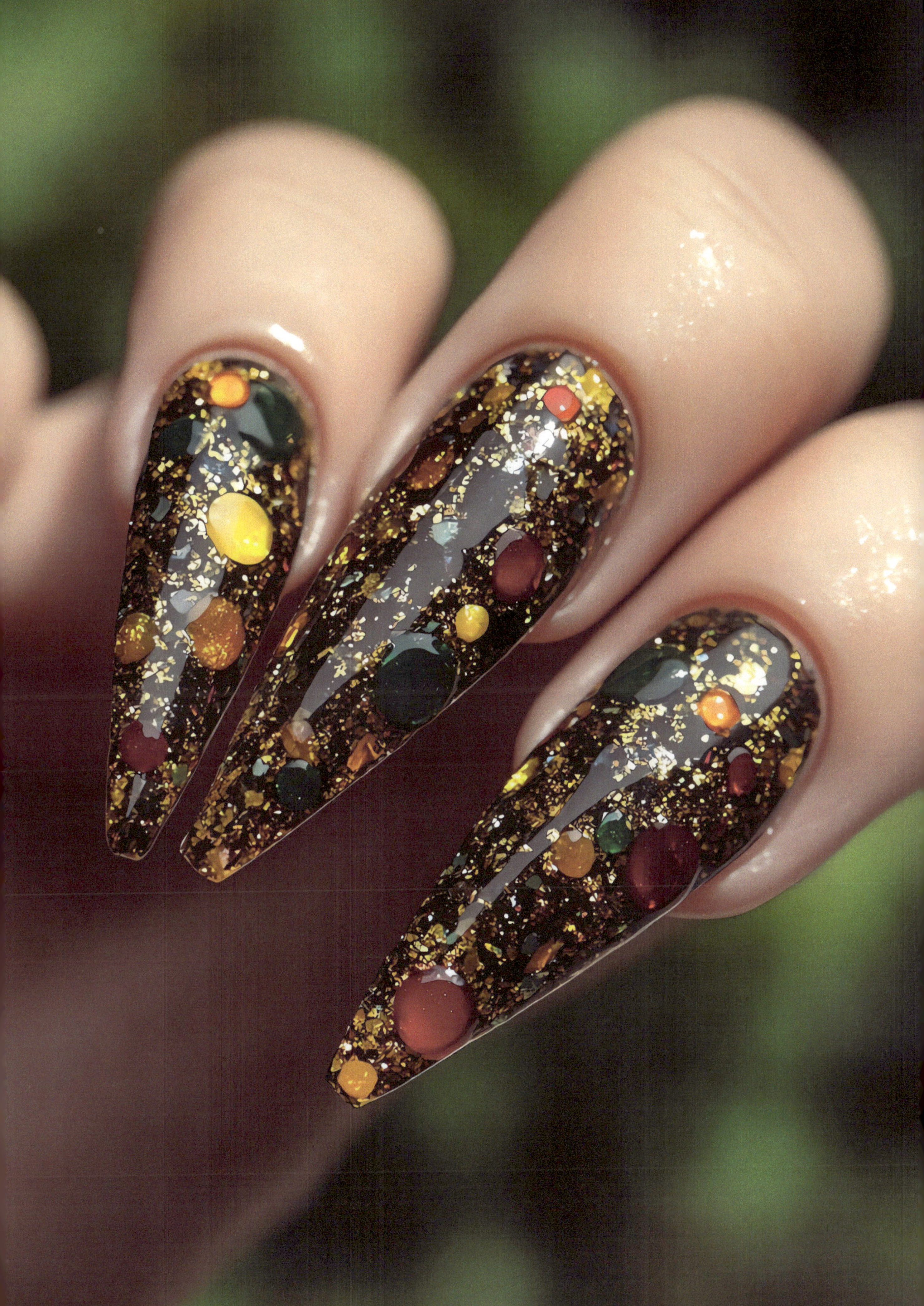

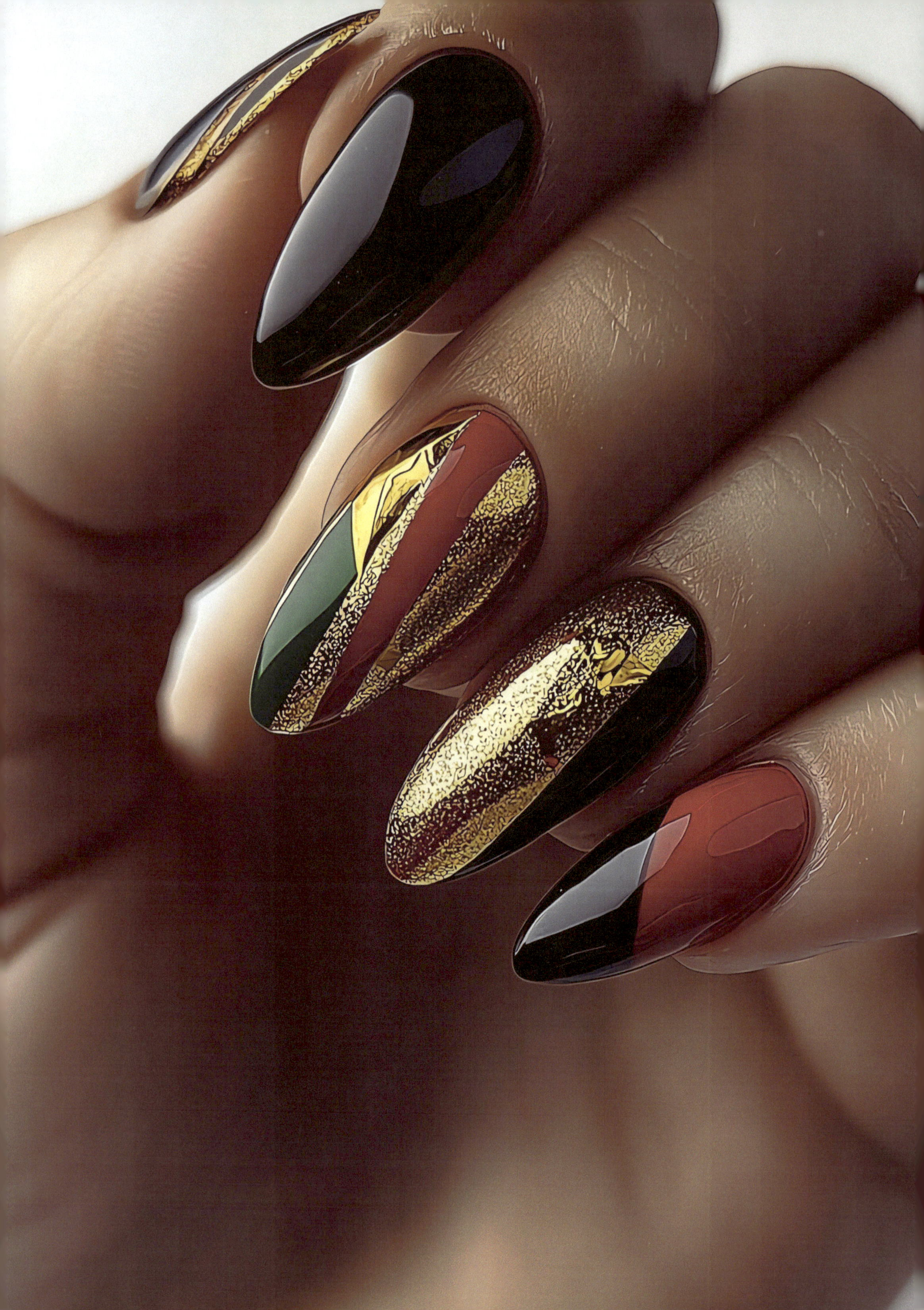

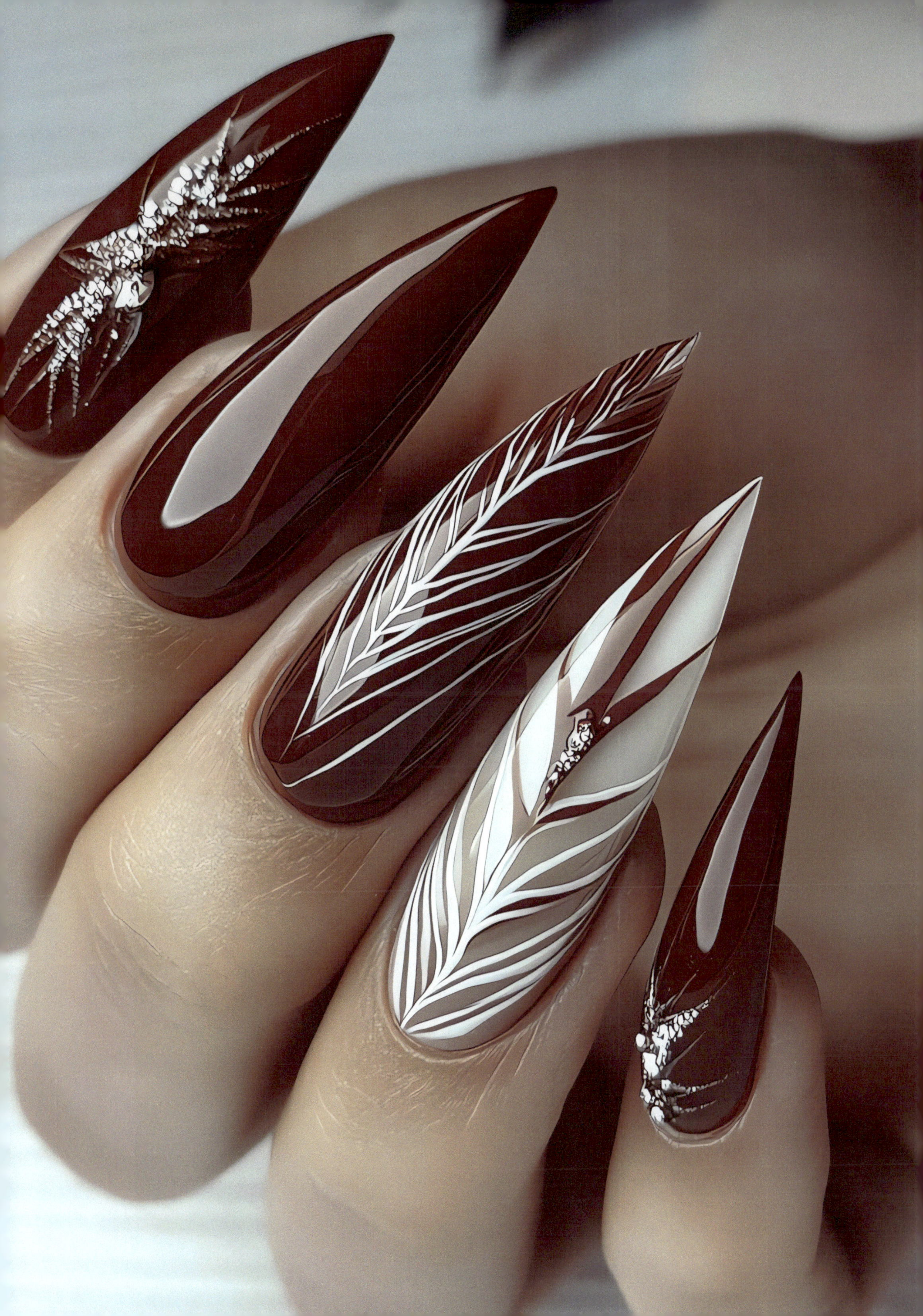

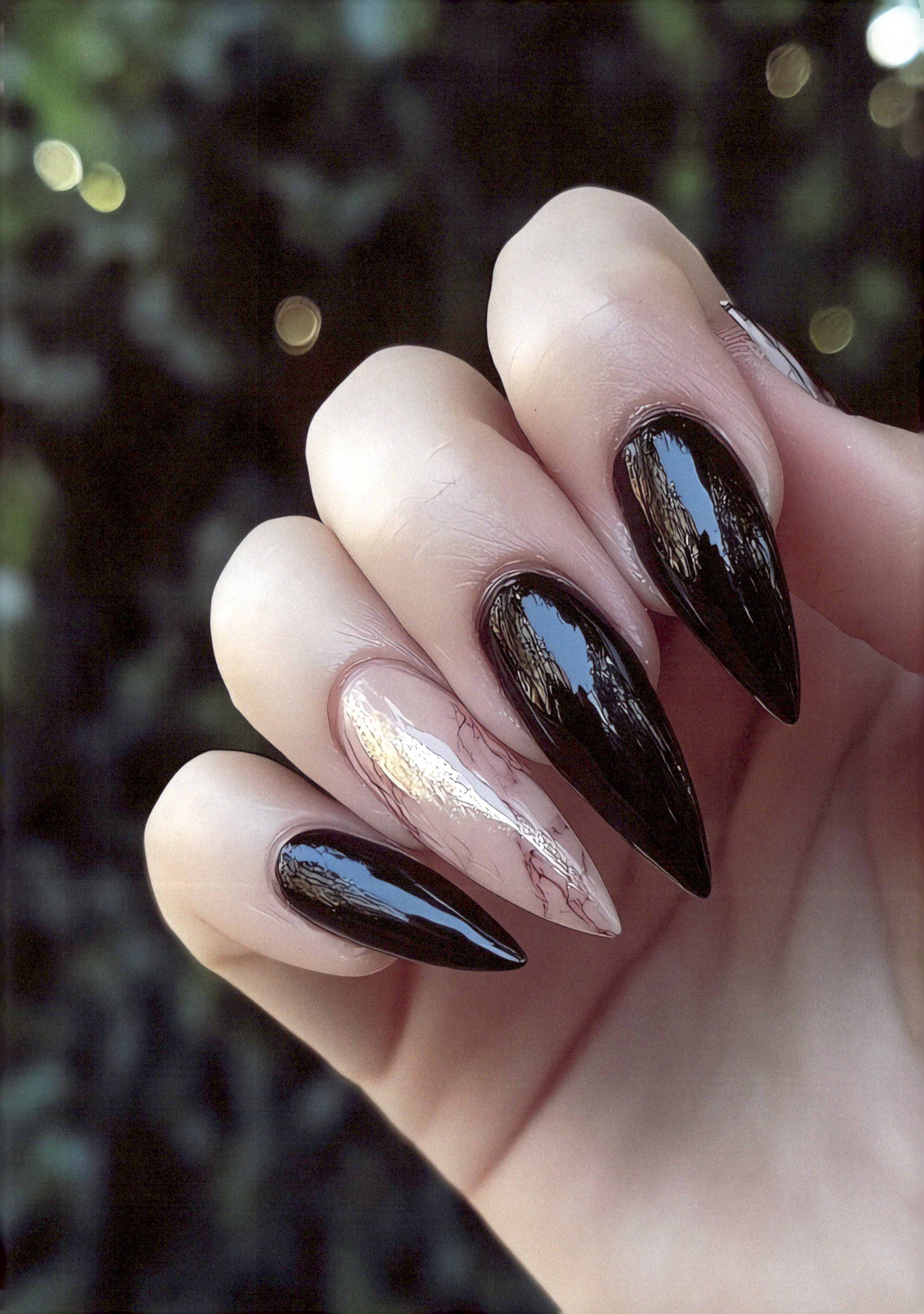

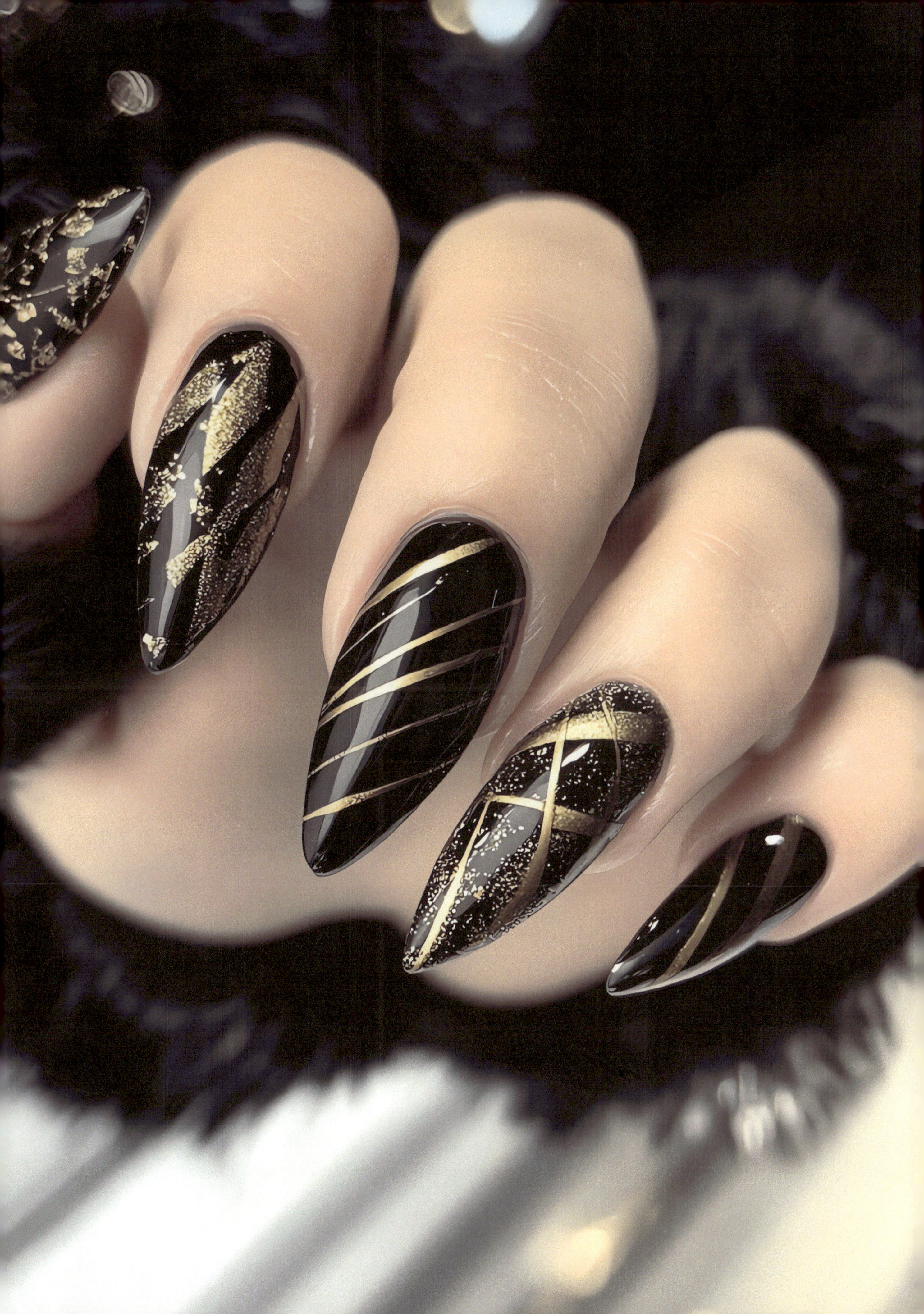

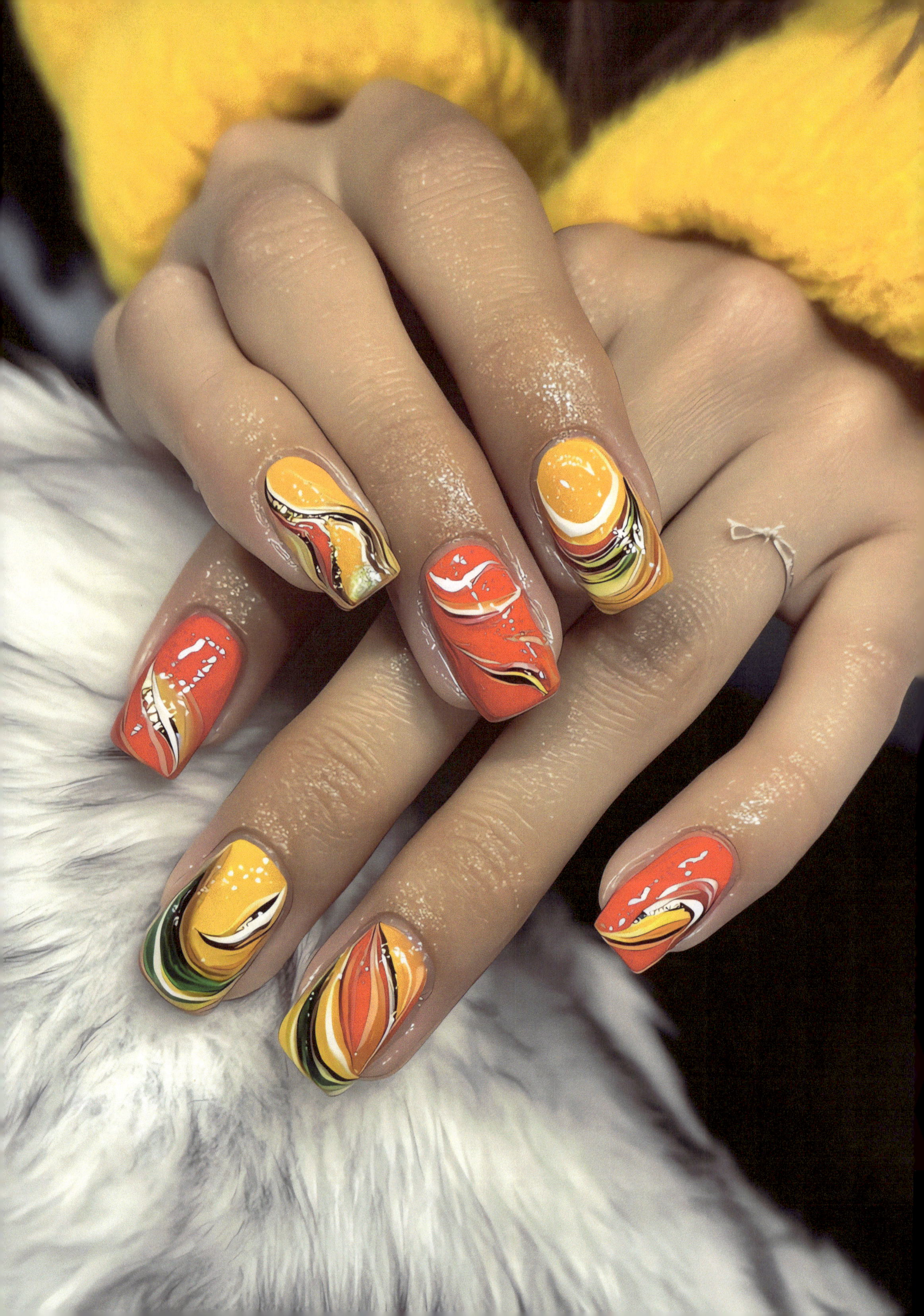

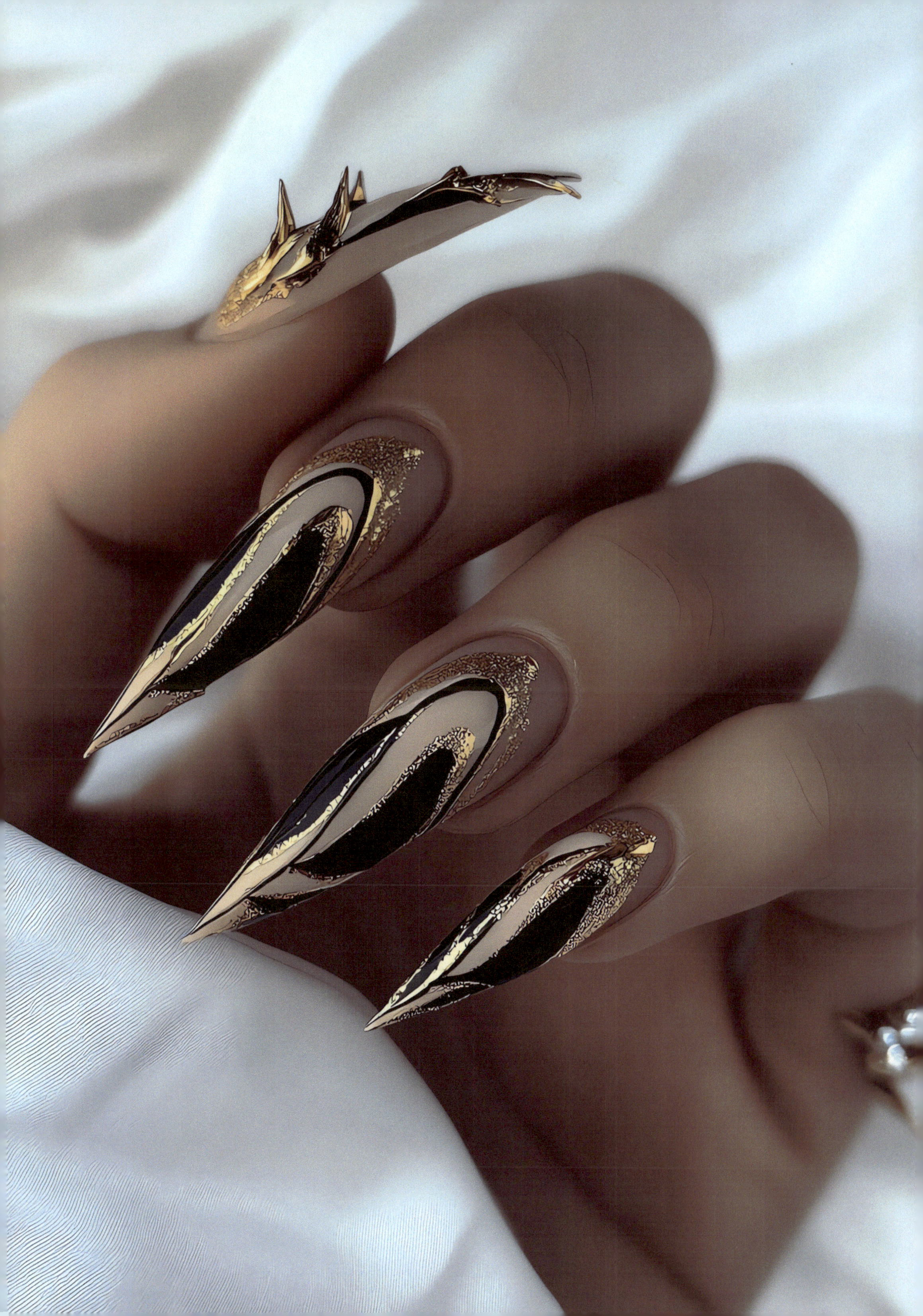

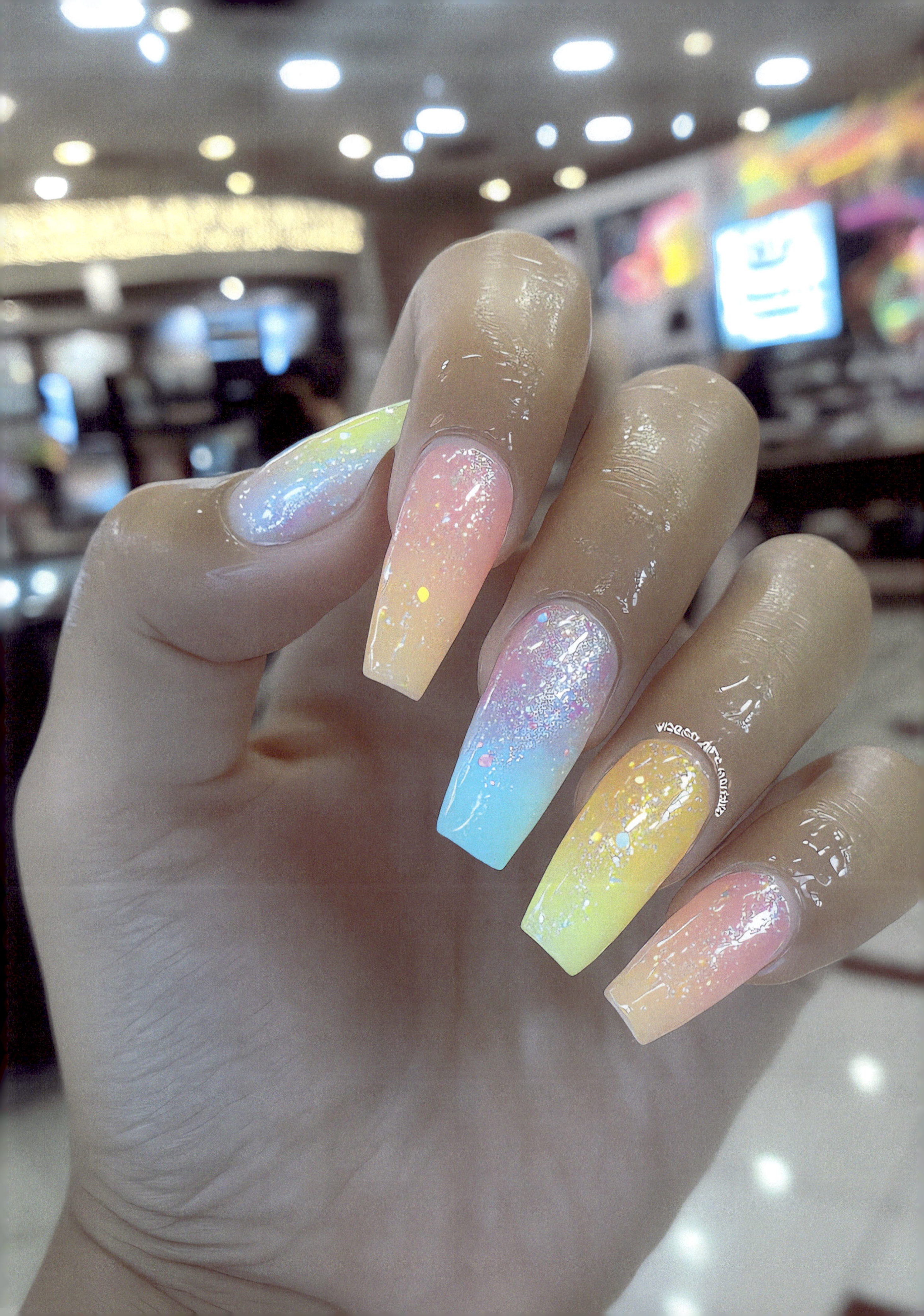

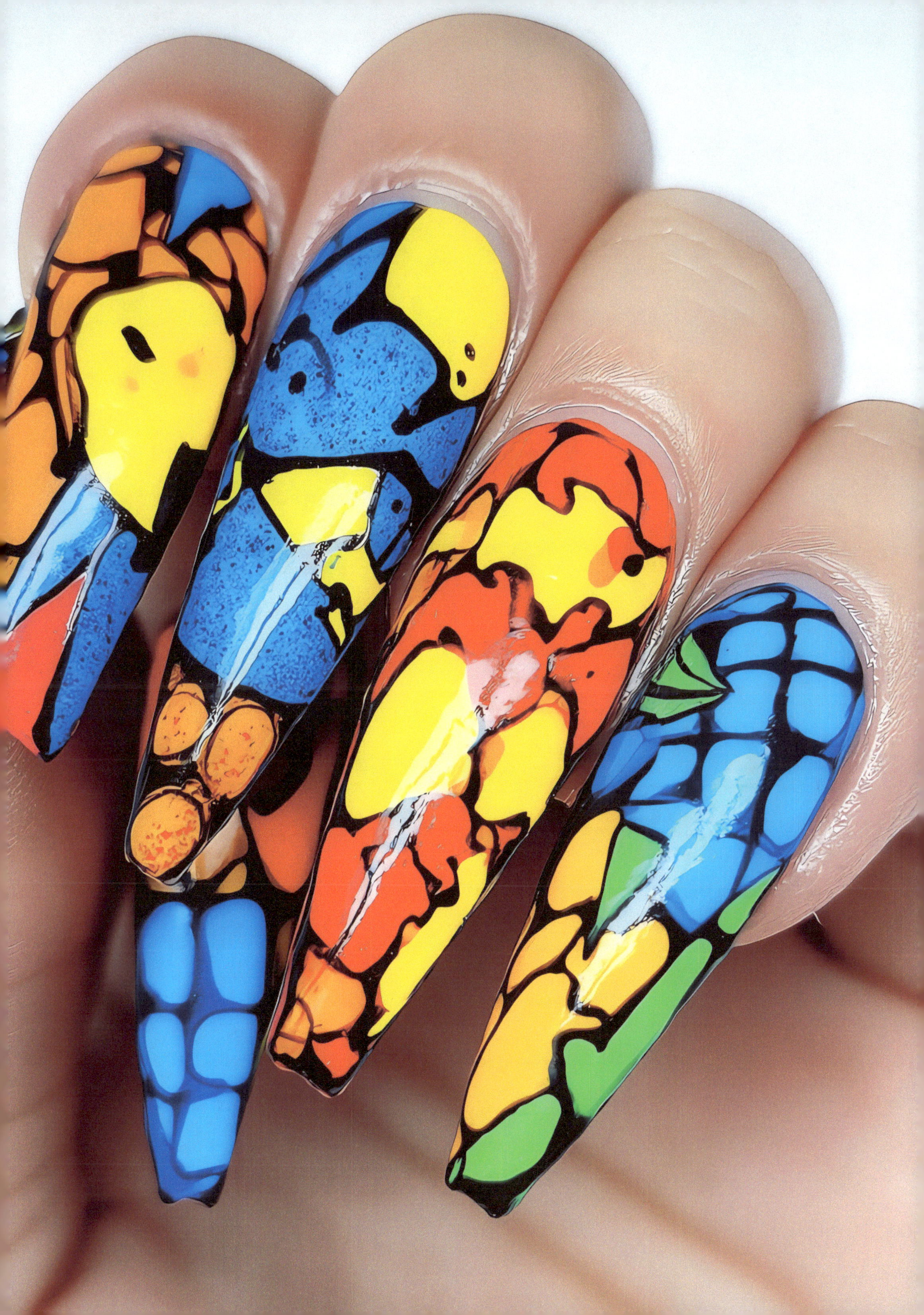

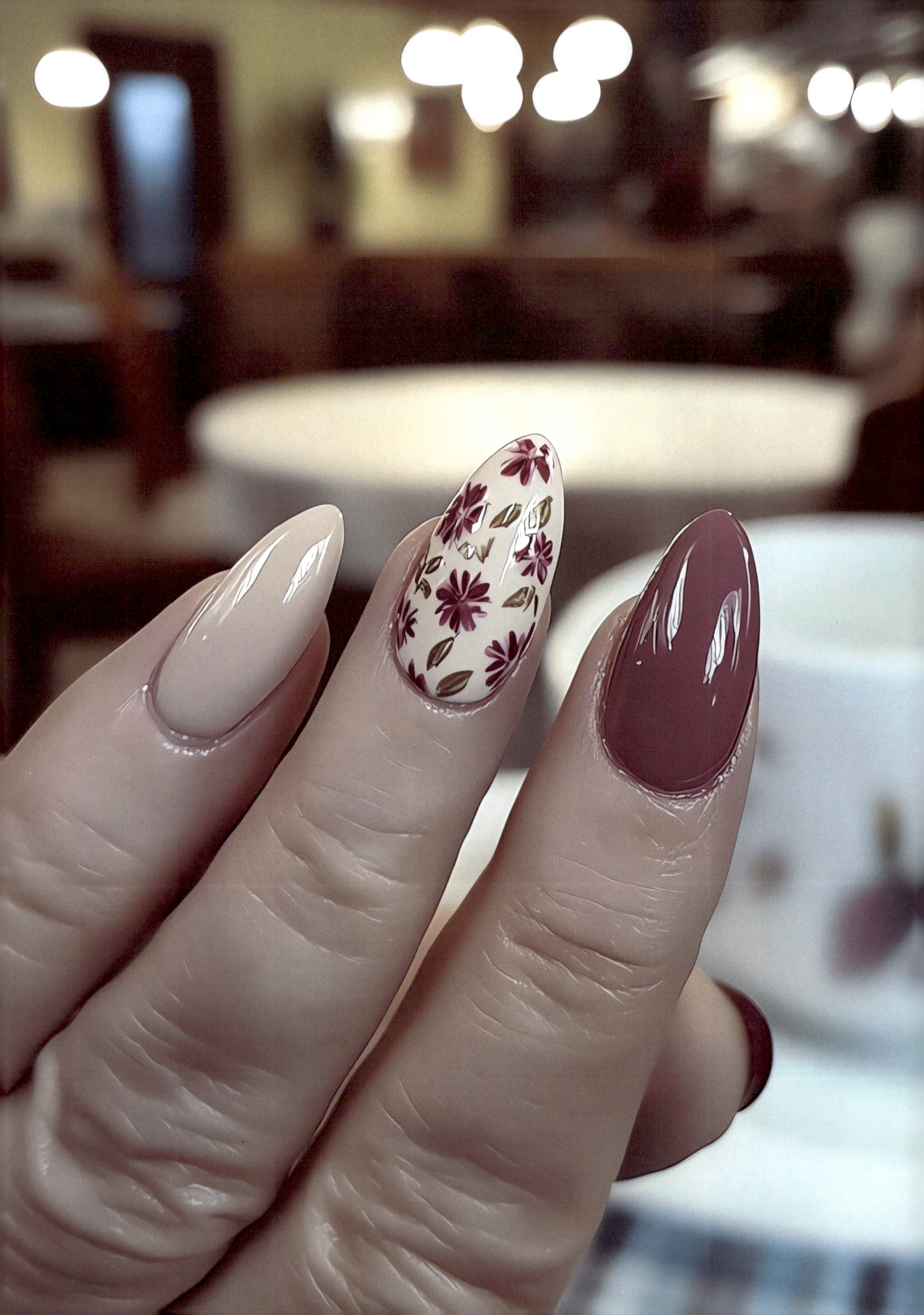

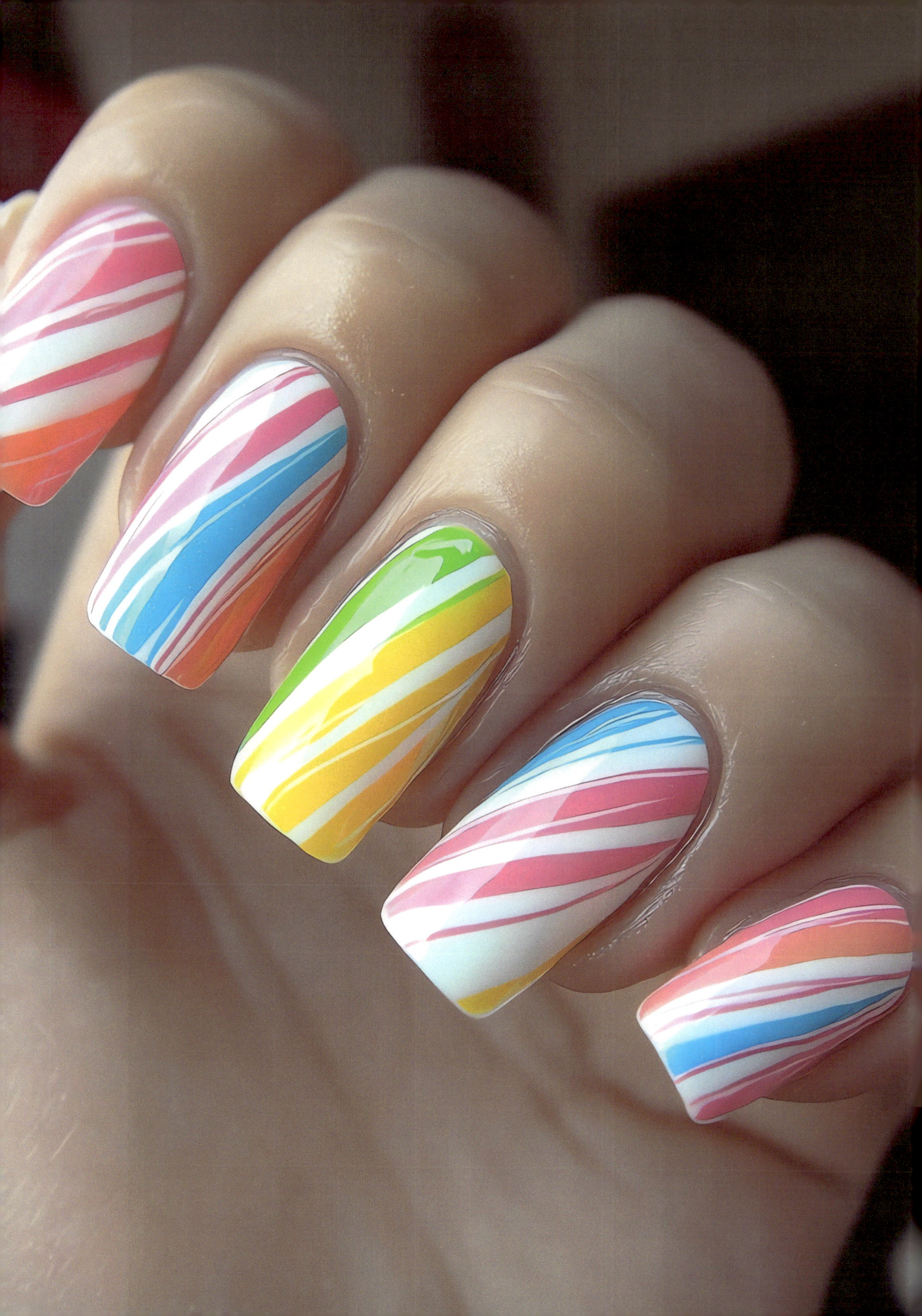

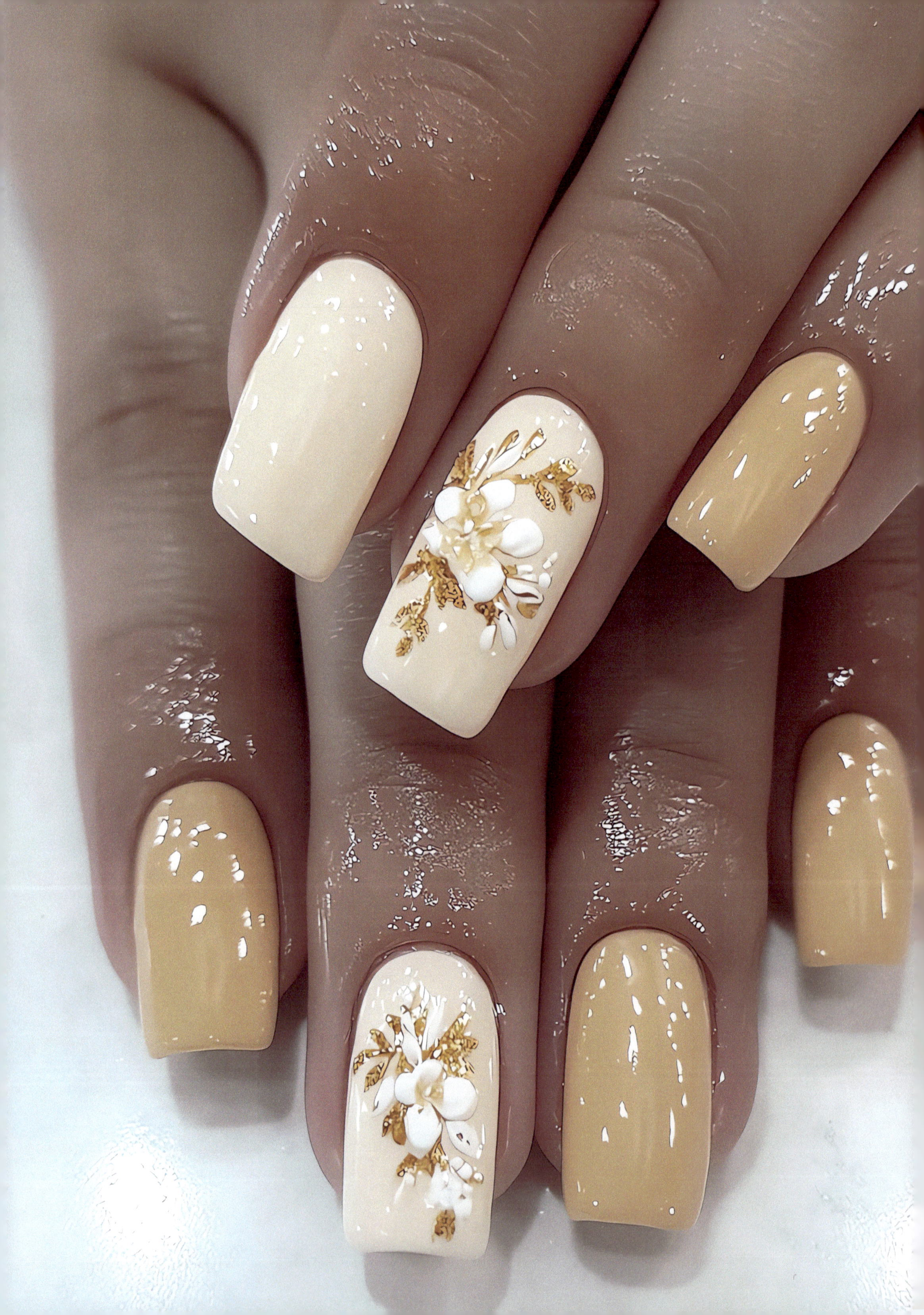

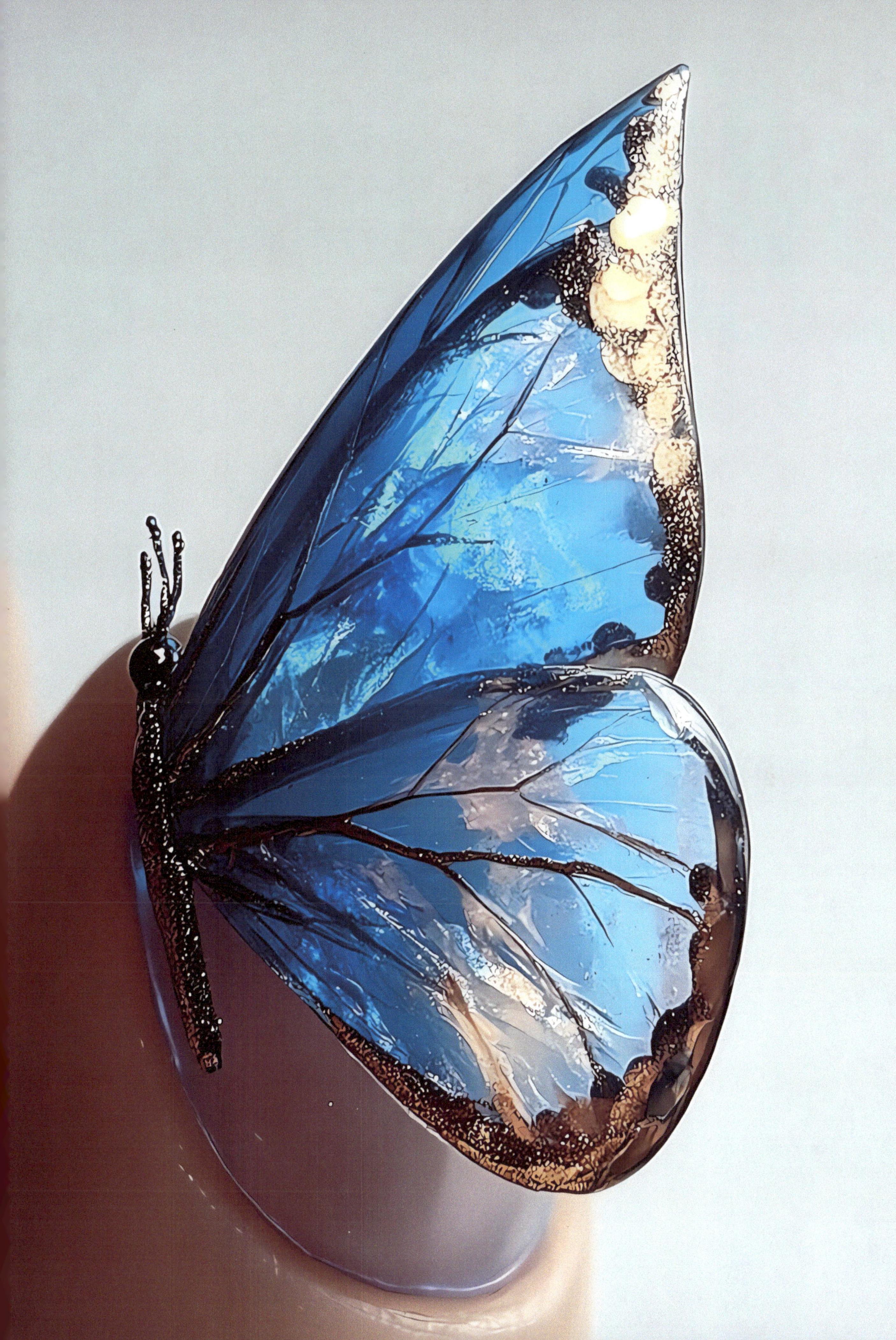

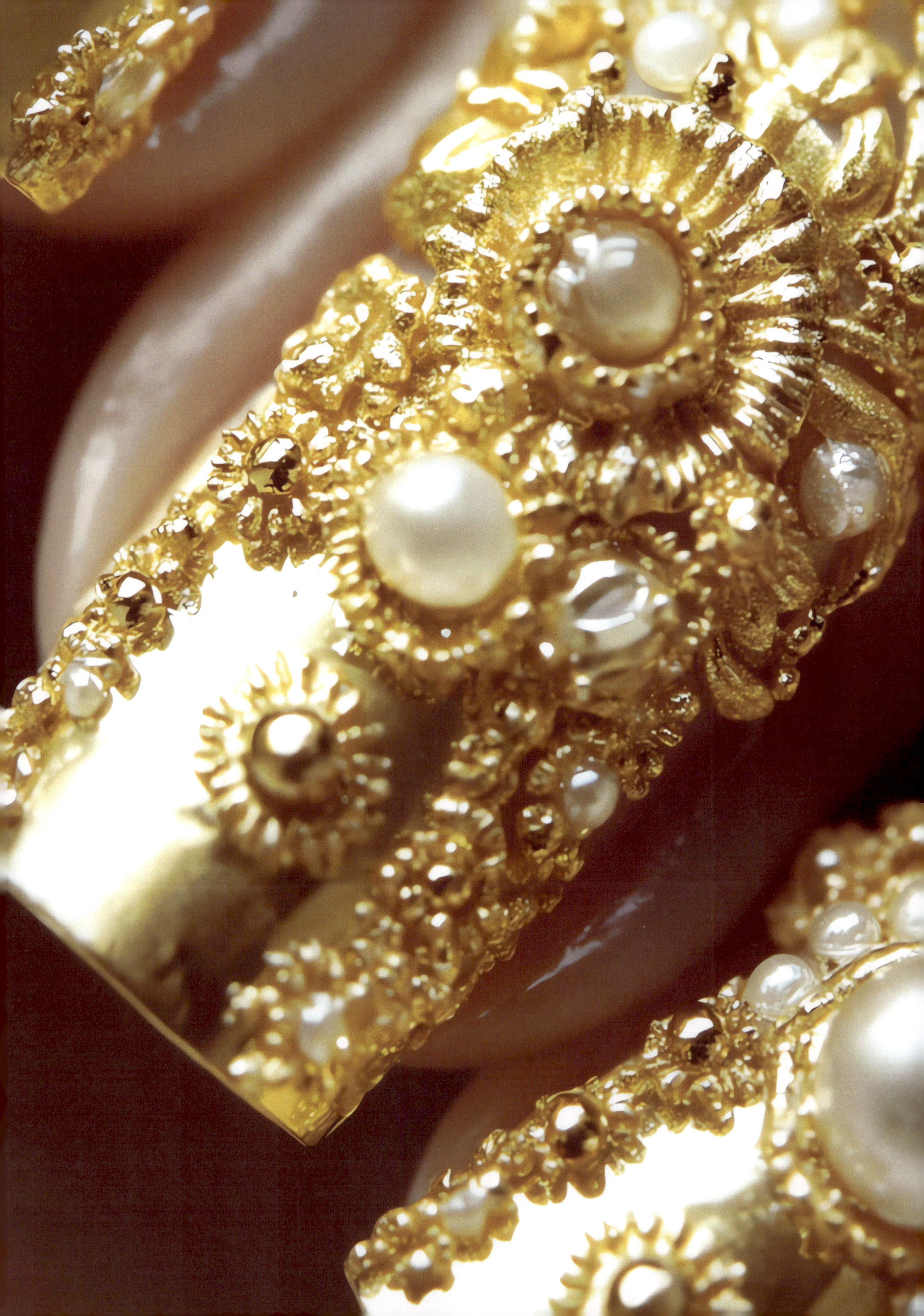